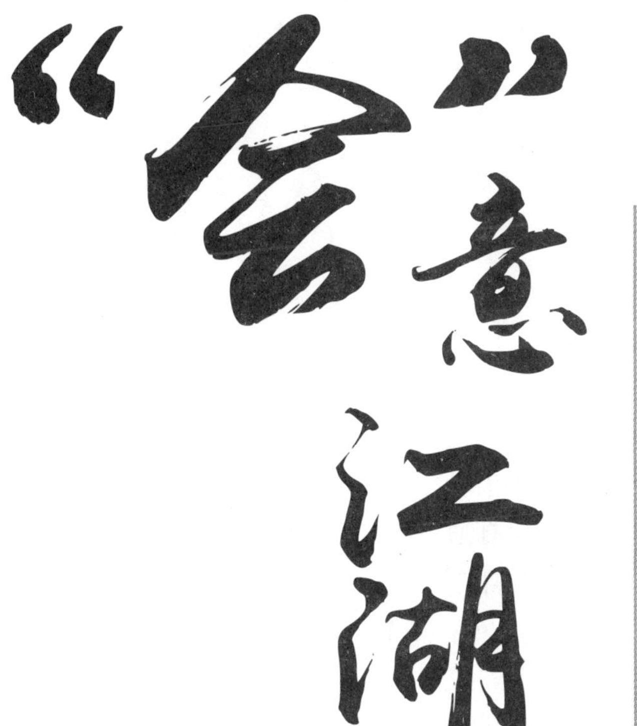

KUAI YI JIANG HU

JICHU KUAIJI TONGSU JIEDU

基础会计通俗解读

王黎华 • 编著

四川大学出版社

责任编辑:梁 平
责任校对:赵 旦
封面设计:璞信文化
责任印制:王 炜

图书在版编目(CIP)数据

“会”意江湖:基础会计通俗解读 / 王黎华编著.
—成都:四川大学出版社,2017.11
ISBN 978－7－5690－1423－5

Ⅰ.①会… Ⅱ.①王… Ⅲ.①会计学－通俗读物
Ⅳ.①F230-49

中国版本图书馆 CIP 数据核字(2017)第 302078 号

书名 **“会”意江湖**
——基础会计通俗解读

编　　著 王黎华
出　　版 四川大学出版社
地　　址 成都市一环路南一段 24 号(610065)
发　　行 四川大学出版社
书　　号 ISBN 978－7－5690－1423－5
印　　刷 郫县犀浦印刷厂
成品尺寸 185 mm×260 mm
印　　张 10.25
字　　数 249 千字
版　　次 2017 年 12 月第 1 版
印　　次 2017 年 12 月第 1 次印刷
定　　价 35.00 元

◆读者邮购本书,请与本社发行科联系。
电话:(028)85408408/(028)85401670/
(028)85408023 邮政编码:610065
◆本社图书如有印装质量问题,请
寄回出版社调换。
◆网址:http://www.scupress.net

目　　录

第一讲　会计是什么

——会计的前身今世

学习目标

1. 了解会计的基本概念
2. 了解会计要解决的基本问题
3. 了解会计的发展进程
4. 了解会计对管理决策和信息使用者的影响

第一节　引　言

某上市公司已经连续亏损两年，这次实在是熬不过去了，大股东有意“输血”8 000万元，但直接“输血”，将记入“资本公积”科目，与利润无关，因此，该公司的大股东先将8 000万元打入政府财政局账号，然后由财政局拿它补贴上市公司，这样就成功地记入“营业外收入”，一举扭亏为盈。

某公司年报显示，公司2010年实现营业收入46亿元，同比增长40%；实现净利润1.9亿元，同比增长66%。但公司的资产负债表显示，应收账款额度竟然高达1.9亿元，同比增长90%，与40%的营业收入增长相比，实在让人无法相信数据的真实性！

2012年12月25日，上市公司××股份的大股东收到××化工总公司1.1亿元资金，次日付给××财政局，28日财政局以财政补贴划给××股份，当天××股份付给××化工总公司。在计入当年营业外收入后，××股份“实现”净利润1 725万元。一笔1.1亿元款项“四日环游”引起很多“经济后果”！

某上市公司想少交点税，在中国报税时就只报了500万元人民币利润，但作为一家纳斯达克上市公司，这点利润还不让它的股票跌跌不休？因此，年报就报出了3 000万元美元的利润。可它忘记了是在美国上市，最终的命运只能是摘牌了。

上述例子比比皆是，让我们不禁要问：会计究竟是什么——算术、艺术、魔术还是巫术？所以，人们常常困惑：会计的数据是可以任意变化的吗？会计的利润、资产是怎么做出来的？感觉会计师就像是魔术师，把一堆数据随便捣鼓几下，就能变出一份漂亮的报表。

简单地说，正规的会计是一门算术和语言相结合的艺术，非常规的会计是魔术，不正常的会计是巫术。

怎样认识会计的算术、艺术、魔术和巫术？先让我们来看看会计的产生与发展，从会计的历史中可以大概了解会计"算术—艺术—魔术—巫术"的变化过程，帮助我们对会计有一个基本的清晰认识。

第二节　会计的产生与发展

一、概述

有一部非常有名的美国电影，名叫《上帝也疯狂》，描述了一个非洲极原始的部落，人们一无所有，但过得很快乐。有一天从飞机上掉下一个可乐瓶子，部落族人捡到后，认为是上帝赐给他们的神物，这就成了他们唯一的财产。部落的人用它来捣烂食物、锤锤东西，觉得挺好用。但是，为了争着用这个瓶子，族人之间很快产生了矛盾，开始了争执、争吵甚至打斗，快乐的日子蒙上了阴影。族长意识到这个瓶子是罪魁祸首，就命令一个族人将其带出部落还给上帝，于是产生了一系列有趣的事情。

这个故事其实就是会计产生与发展所面临的一个重要因素：财产及由此而来的产权。会计早期确实作为一种数学方法在使用，因为需要做记录和计算。早期的会计学知识也都是在数学书中出现，零零星星地写上一些。那时的财产不多，交易简单，多是以物易物，容易计量，所以不需要复杂的现代的专业会计知识，会写会算足够。

有趣的是，当时的会计是一件很神秘的工作，因为涉及钱，所以神神秘秘。早期的账房先生也很神秘。在金庸的小说里，账房先生通常就是绝世武功高手。国外也有类似的情节，常常是关起门来算账、数钱。而侦探小说里也常有这样的情节：被害人在密室里神奇死去，而面前摊着账本或一堆金币。

不过，早期的会计主要服务于政府部门，因为那时私人企业并不发达。我国著名的学者老子曾经做过政府的司会，也就是会计。

而在国外，中世纪在从欧洲开往美洲的轮船上，就有专门的会计师，用于监督船队的财务情况。

美国的一部大片《云图》里就有这样的情节：年轻的会计师应岳父吩咐，赶赴遥远的美洲收账，差点被见财起意的医生置于死地。

可见，会计这一职业或这一服务工作早已是社会发展的必需品，而且在经济发展的进程中扮演着不可或缺的重要角色。查特菲尔德在《会计思想史》中说："会计的发展是反映性的。也就是说，会计主要是应一定时期的商业需要而发展的，并与经济的发展密切相关。随着记账必要性的增强，会计资料促进或妨碍经济发展的能力在增强。”

会计本质上是为经济服务的，经济越发展，会计越重要。经济是为解决资源稀缺而产生的，所以，会计作为一门计量的工具，专门为财产进行记录和汇总，最终为所有者报送信息。

随着资本主义经济模式和生产方式的确立，经济的发展带来了财富的极大增长，对财产的管理越来越重要。大量企业的出现，生产模式的改变需要大量资金；资金拥有者有投资需求；由于资金使用和提供方对信息的需求大增，于是在金融手段和技术创新的帮助下，资本模式逐渐成熟，会计发展需要的 7 个要素——私有财产、信用、商业、资本、书写艺术、货币和算术等已经全部具备，所以会计也就逐渐发展成熟。会计的职能范围进一步扩大，其内容和手段都逐渐丰富起来，由此会计逐渐发展为一门专门的学问和职业，直至成为专门的学科，彻底独立出来，而且越发重要及专业化。

二、我国会计思想的发展及实践

作为世界闻名的四大古国之一，会计思想及其实践活动在我国有着悠久的历史，也有着曾经领先世界的成就，为全球会计的发展和进步做出了巨大贡献。下面，我们就简单回顾一下我国会计思想的发展及实践情况。

早在西周时代（约公元前 1100 年—公元前 770 年）就出现了“会计”这一名词。据大量考证，这应该是我国有关“会计”名词出现的最早时期，也是世界最早的命名。

后来，清朝一位学者在其著作《孟子正义》中将“会计”解释为：“零星算之为计，总和算之为会。”翻译过来就是：日常零星分散的核算称之为“计”，定期（期末）的综合汇总核算称之为“会”。这种解释基本上揭示了会计在核算上的主要特征，也揭示了会计的基本功能。《孟子》上也有记载：“孔子尝为委吏矣，曰：‘会计当而已矣。’”

在中国长期的奴隶社会和封建社会中，会计作为国家行政职能出现，为私人服务的功能被压制。长期以来，我国会计是服务于政府需要的，因此，出现了“官厅会计”这一专有名词，意思是为官府服务的会计；而官厅会计部门则是专门实现这一思想的组织机构，并在西周时就设立了“司会”一职，也就是主管会计的前身。据史料记载，老子就曾经当过“司会”，所以，著名的教育学家也是我们会计的祖师爷呢。我国早期会计的发展是领先于世界其他国家的，这一点在著名会计史学家查特菲尔德的名著《会计思想史》一书中有明文记载：“在内部控制、预算和审计程序等方面，周代在古代世界是无与伦比的。”

唐宋时期，中国封建社会发展到了鼎盛，这一时期出现了“四柱清册”法，“四柱”即旧管、新收、开除、实在。翻译成现代语就是：期初余额、本期新收、本期支出、期末余额。用公式表达是：旧管＋新收－开除＝实在，即期初余额＋本期新收－本期支出＝期末余额。

四柱清册法的出现证实我国会计的发展又达到了一个新的高度，其既能进行日常会计核算记录的登记和检查，又可用于期末会计汇总记录和检查。

明末清初，我国资本主义的萌芽渐渐出现，商业和手工作坊的发展导致会计的跟进，出现了以四柱清册为基础发展起来的“龙门账”，它将全部账目分成四大类——进、缴、存、该，类似于现在账户分类的收入、支出（成本费用类）、资产、负债及所有者权益；并利用"进=缴，存=该"的平衡公式进行核算和汇总检查，分别编制"进缴表"和"存该表"，类似于现代的利润表和资产负债表。

后来，清朝时期还出现了"天地合账"等表达复式记账原理的记账方法，代表我国会计发展的又一重大进步。

进入民国时期，我国中西式会计并存。鉴于当时的时代背景，我国会计的发展受到了一定的阻滞。中华人民共和国成立后，早期学苏联，后来经济停滞，会计也停止发展。直到改革开放，我国的各项事业才开始蓬勃发展，会计也迎来了发展的好时期。

新中国成立后，我国会计的发展具体分为以下几个阶段：

1949—1966 年，引进、学习苏联会计模式阶段；

1967—1978 年，停滞发展阶段；

1979—1989 年，全面发展阶段；

1990 至今，深入发展阶段。

不过，改革开放后，我们才发现中国的会计已经远远落后于世界发达国家，只有在学习和借鉴的基础上加速发展。时至今日，会计大部分援引了美国及国际会计准则委员会的成果，很少有自己的独创。这一方面说明了会计发展也和经济发展一样，趋于全球一体化；另一方面则说明我国会计的落后情况。

综上所述，我国会计的发展有过历史的辉煌，而现阶段则处于跟随发展期，但也在迎头追赶。经济的发展是会计发展的基础，所以，会计发展需要有好的土壤，这个土壤就是稳定和快速发展的经济。

三、国外会计思想的发展及实践

国外会计的发展也是源远流长，成果斐然。最早发现的人类祖先留给我们的信息是来自于古城乌鲁克大约公元前 3400 年—公元前 3000 年的泥板，其清楚地记载了"37 个月收到了 3800 蒲式耳的大麦，库辛签核"。这说明史上第一个记下的名称或名字，属于一个会计师，而非其他。历史学家的考证发现，人类历史上第一个文本就是财经文件，记录各种税务、债务以及财产所有权。也许人类天然具有对财产的渴望和占有欲，导致了会计记录永远先于其他记录的出现。在世界各地并不平衡的人类文明发展过程中，会计技术和知识的发展大同小异，在历史上留下了灿烂的一笔。

比如，早在原始的印度公社就已经出现了记账员；埃及原始社会时期就有了算板；古巴比伦有很多黏土板，上面记录了有关商业和金融活动的情况；而在著名的《汉谟拉比法典》中，对很多具有会计意义的事项都下了明确的定义，从而对古巴比伦的会计发展产生了积极的影响；而远在南美洲的安第斯文化里，通过"结绳语"，即在各种颜色的绳子上打结来记录大量的数字数据，比如税收或财产的记录。

一般认为，近代会计的形成应该以复式记账的出现为标志，而这一标志的出现源于中世纪意大利数学家卢卡·帕乔利的《数学大全》著作的问世。这一著作的出版，标志着近代会计的开始。

《数学大全》出版于 1494 年，这是会计史上具有划时代意义的一年，也是会计发展史上的重要里程碑。这一著作主要与数学有关，但其中有一章介绍了复式记账原理，这是近代会计思想第一次以白纸黑字的方式出现在人们面前，从而整个世界才有了基于会计实践而成的会计理论研究。关于《数学大全》和本书作者，一般人可能闻所未闻，但据史料学家的研究发现，这本书中的插图是大名鼎鼎的达·芬奇所绘，所以，这还是一本具有收藏价值的大师绘画作品。

近代会计之所以会产生于意大利，是跟当时的经济发展有关。因为早期的资本主义萌芽就发生于意大利沿海的城邦，加之文艺复兴运动所带来的创新思想和进步精神，促使了各个学科的全面发展，当然包括会计思想及实践。

当经济发展的中心随着工业革命的发展转移到英国，会计的发展也在英国取得了长足进步。机器化的工厂大生产取代了手工作坊式的小生产，导致成本核算、管理、内部审计等的产生，会计的内容日益丰富，会计的技术方法日益完善。当英国著名的“南海事件”发生后，对公司的外部监管的需求促使了世界上第一个会计师职业团体——爱丁堡会计师协会的诞生，从而奠定了英国民间审计在世界范围内的核心地位。也正是如此，会计的职业方向分为两种：服务于企业的私立会计，服务于投资人的公共会计（即民间审计）。

近代会计的发展进一步为现代会计奠定了良好的基础。在第一次和第二次世界大战后，美国取代英国成为世界经济和金融中心，由此，会计在美国蓬勃发展起来。包括管理会计、预算会计、国际会计等等新的会计分支都是在美国发展起来的，不仅仅是思想的启蒙，更是实践的发展。伴随着经济的发展，商务活动的复杂化，金融的创新，科学技术的进步，会计工作的范围、职能都有了极大的变化，系统性的会计准则和制度的建立及完善，职业团体组织的建立，全球范围会计的交流和趋同，都为会计的发展起到了积极作用。

总结起来，现代会计产生于意大利，发展于英国，提高于美国。这句话不但是会计发展的地域线路，也是世界经济发展中心的转移路径，这更加证明了一句话——“经济越发展，会计越重要。”

四、现代会计的基本情况

（一）会计服务的对象——会计信息的利益相关者

无论会计怎样发展，它的基本职能都是保持不变的，那就是记录、加工、整理、汇总、储存和报送会计信息。作为将数据加工为标准化信息的技术方法，会计服务的对象是各类组织。

组织可分为营利性组织、非营利性组织、政府组织等三种形式，每一类组织所需要的信息是不一样的，会计信息的加工也略有不同。在这些组织中，营利性组织的会计信息需求最广泛、最复杂，所以这类组织的会计发展最积极，也最丰富。

为什么组织需要会计提供相应的信息呢？哪些人需要这些信息？信息使用者对这些信息的使用是要达到什么目的呢？

如果我们把组织设定为一个利益实体，那么围绕这个经济实体会有很多的利益相关者，现代会计服务对象已经扩展到所有的利益相关者，如图1—1所示。

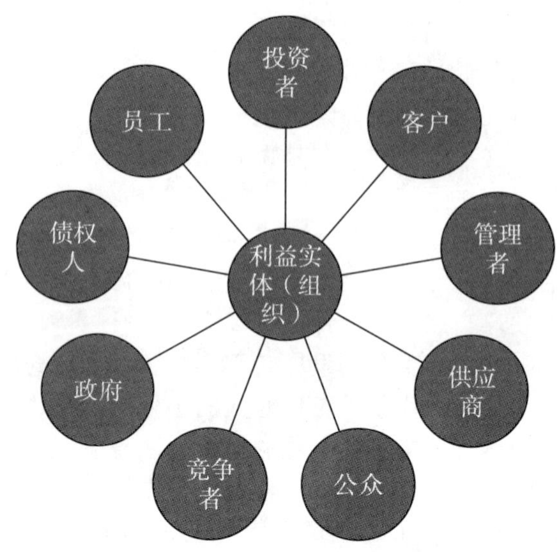

图 1—1　组织的利益相关者图示

利益相关者既要为组织提供资源，帮助组织获取最大化利益，同时也要从组织获得的利益中分得一杯羹。所以，利益相关者和组织之间是一种共生关系，相辅相成，如图 1—2 所示。但围绕组织这个实体，利益相关者要经常做出很多相关的决策，比如投资人要做出投资决策，债权人要做出借款决策，政府管理部门要做出收税、退税等决策。做这些决策是需要信息的，尤其是组织运营过程中的经济信息。但大多数的利益相关者并不直接在组织内部从事相关的工作或监督管理该组织，所以他们判断组织的情况所需要的信息就只能由专门的人提供，这类人就是会计，所从事的工作就是“会计”。会计在组织中实际起到了一个桥梁作用，作为信息的沟通和传递者，为信息使用者提供需要的会计信息，帮助他们决策。

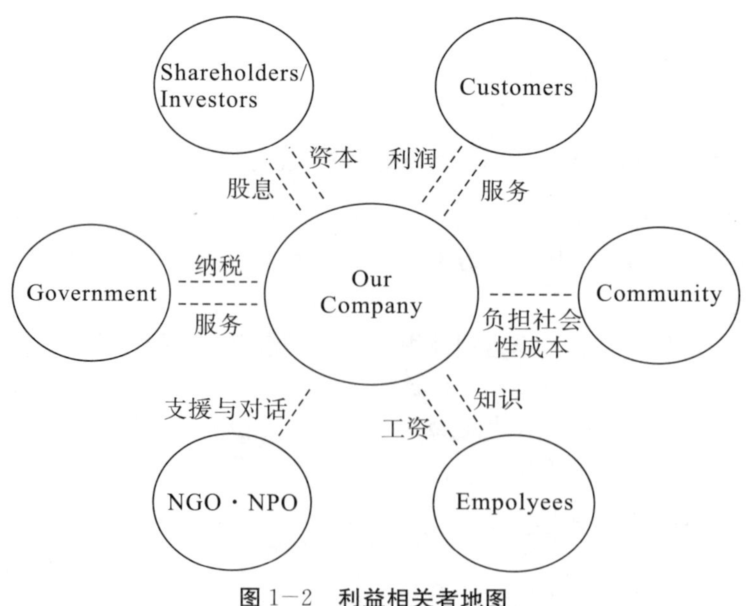

图 1—2　利益相关者地图

（二）会计的分支

在会计发展的过程中，会计的工作范围逐渐扩展为两个领域：私立会计（企业会计）和公共会计。在两个不同的领域里，会计的工作内容和方式有很明显的区别；而即使在企业会计这一层面，会计也具体分为财务会计和管理会计两种，参见图 1－3。

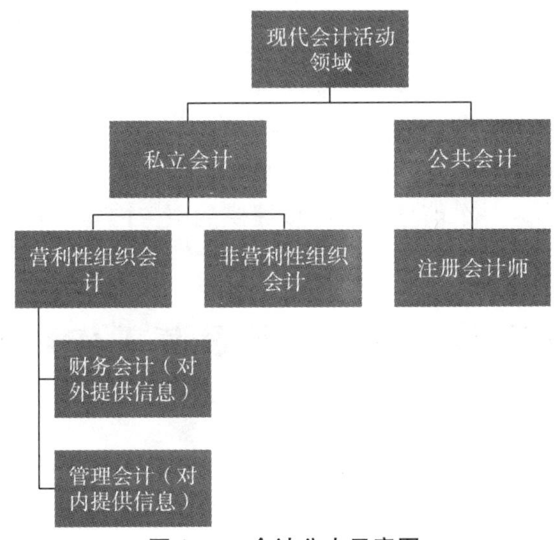

图 1－3　会计分支示意图

著名的四大会计师事务所就是公共会计的典型代表，主要服务于企业的会计审计，尤其是上市公司及跨国公司的审计工作。这四大会计师事务所分别是普华永道、安永、德勤和毕马威。早些时候有五大，包括安达信，但在著名的安然事件中，安达信公司由于审计作假，被迫关闭。

在公共会计和私立会计的组织中，会计所从事的职位如图 1－4 所示。

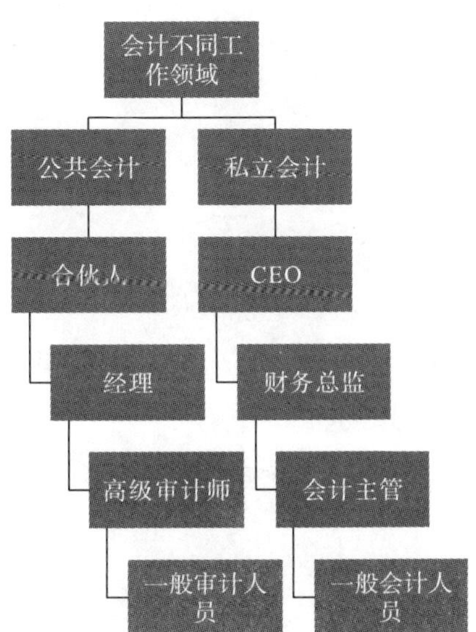

图 1－4　会计事业的职位示意图

公共会计主要提供的服务包括但不限于以下内容：

（1）报表审计及认证。

（2）财务咨询。

（3）税务支持。

私立会计服务于营利性和非营利性的组织，其服务内容包括但不限于以下内容：

（1）财务信息提供。

（2）预算管理。

（3）成本会计。

（4）税务会计。

本书所涉及的主要是针对企业的私立会计，所以，本书的大部分内容都是站在私立会计角度，描述会计作为一个信息系统应该提供的服务内容及特点。

第三节 企业会计及其工作环境

会计的产生和发展离不开外部环境的影响，所以对会计外部环境的解释和阐述能够帮助我们更好地认识现代会计所扮演的角色及其应该提供的服务内容。外部环境不但包括宏观的政治、经济、文化环境，还有相对微观的组织类型、组织结构、企业文化、信息使用者类型、产业领域等方面。作为一种价值集合体，企业需要汇聚各种资源（资本）为利益相关者创造价值，因此，多方因素和资源（资本）都会影响到一个企业的成败（见图1-5）。这些因素既有宏观层面的，也有微观层面的。下面主要介绍的是微观层面的一些外部影响因素。

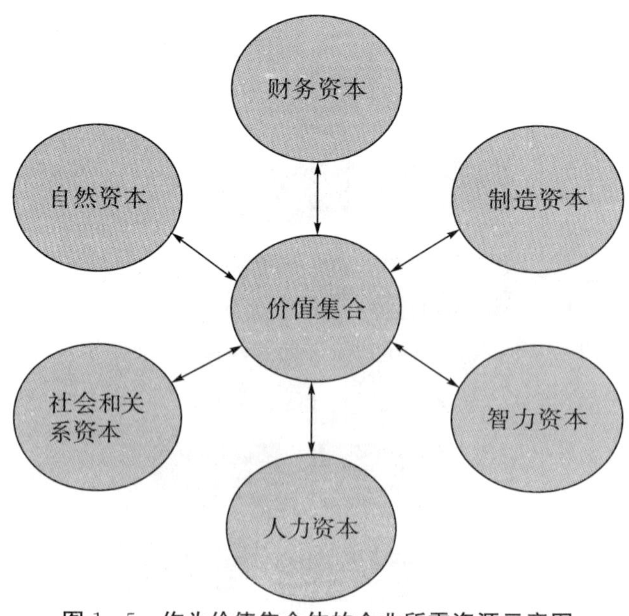

图1-5 作为价值集合体的企业所需资源示意图

一、企业的分类

会计作为沟通的桥梁，在企业的内部人和外部人之间进行信息的传递。不同的企业类型在信息的处理和需求上有不同的要求，会计的工作有一定的区别。所以，分清不同企业的类型，有助于会计更好地有针对性地提供相应的会计信息。

（一）企业的法律类型

1. 独资企业

独资企业是指只有一位所有者（出资人），即个人出资经营，收益归个人所有和控制，由个人承担经营风险和享有全部经营收益的企业。以独资经营方式经营的独资企业有无限的经济责任，破产时借方可以扣留业主的个人财产。

独资企业是最古老、最简单的一种企业组织形式，主要盛行于零售业、手工业、农业、林业、渔业、服务业和家庭作坊等。

独资企业在世界上的很多地区不需要在政府注册。在这种制度下，很简单的经营安排，如小贩和保姆，在法律上就属于独资企业。甚至暂时经济活动，比如个人之间的买卖交易，在法律上就依照独资企业处理。通常为了方便执法活动，政府会要求某些种类的独资企业注册，比如餐馆注册为了方便卫生检查。另一个注册原因是牌号，业主有权力使用个人的姓名为企业牌号，比如“张三的饭店”，但是法律通常要求业主登记其他名称的牌号，以防有商标争议。

独资企业是企业制度序列中最初始和最古典的形态，也是民营企业主要的企业组织形式。其主要优点为：

（1）企业资产所有权、控制权、经营权、收益权高度统一。这有利于保守与企业经营和发展有关的秘密，有利于业主个人创业精神的发扬。

（2）企业业主自负盈亏和对企业的债务负无限责任成为强硬的预算约束。企业经营好坏同业主个人的经济利益乃至身家性命紧密相连，因而，业主会尽心竭力地把企业经营好。

（3）企业的外部法律法规等对企业的经营管理、决策、进入与退出、设立与破产的制约较小。

（4）由于业主对企业债务负无限责任，不仅是企业资产，包括业主本人的私人财产也要用于偿还债务，有利于保护债权人权益。

虽然独资企业有如上的优点，但它也有比较明显的缺点：

（1）独资企业不能作为一个单独的法人实体，限制了它的融资、举债、签订合同等经济行为，难以筹集大量资金，不利于企业自身的发展壮大。因为一个人的资金终归有限，以个人名义借贷款难度也较大。因此，独资企业限制了企业的扩展和大规模经营。

（2）投资者风险巨大。企业业主对企业负无限责任，在硬化了企业预算约束的同时，也带来了业主承担风险过大的问题，从而限制了业主向风险较大的部门或领域进行投资的活动。这对新兴产业的形成和发展极为不利。

(3) 企业连续性差。企业所有权和经营权高度统一的产权结构，虽然使企业拥有充分的自主权，但这也意味着企业是自然人的企业，业主的病、死，他个人及家属知识和能力的缺乏，都可能导致企业破产。

(4) 企业内部的基本关系是雇佣劳动关系，劳资双方利益目标的差异，构成企业内部组织效率的潜在危险。

2. 合伙企业

合伙企业是指自然人、法人和其他组织依照相应法律法规要求设立的，由两个或两个以上的自然人通过订立合伙协议，共同出资经营、共负盈亏、共担风险的企业组织形式。我国合伙组织形式仅属限于私营企业。合伙企业一般无法人资格，不缴纳所得税，其包括普通合伙企业和有限合伙企业。合伙企业可以由部分合伙人经营，其他合伙人仅出资并共负盈亏，也可以由所有合伙人共同经营。

普通合伙企业由 2 人以上普通合伙人（没有上限规定）组成，合伙人对合伙企业债务承担无限连带责任。

有限合伙企业由 2 人以上 50 人以下的普通合伙人和有限合伙人组成，其中普通合伙人至少有 1 人，当有限合伙企业只剩下普通合伙人时，应当转为普通合伙企业，如果只剩下有限合伙人时，应当解散。普通合伙人对合伙企业债务承担无限连带责任，有限合伙人以其认缴的出资额为限对合伙企业债务承担责任。

一般像律师事务所、会计师事务所等，就喜欢采用合伙制，取的名字也很有特色，如"黄张王会计师事务所""刘李律师事务所"等，很清晰地表明了合伙人是谁。

合伙企业的特征有五点：

(1) 生命有限。合伙企业比较容易设立和解散。合伙人签订了合伙协议，就宣告合伙企业的成立。新合伙人的加入，旧合伙人的退伙、死亡、自愿清算、破产清算等均可造成原合伙企业的解散以及新合伙企业的成立。

(2) 责任无限。合伙组织作为一个整体对债权人承担无限责任。按照合伙人对合伙企业的责任，合伙企业可分为普通合伙和有限合伙。普通合伙的合伙人均为普通合伙人，对合伙企业的债务承担无限连带责任。例如，甲、乙、丙三人成立的合伙企业破产时，当甲、乙已无个人资产抵偿企业所欠债务时，虽然丙已依约还清应分摊的债务，但仍有义务用其个人财产为甲、乙两人付清所欠的应分摊的合伙债务，当然此时丙对甲、乙拥有财产追索权。有限责任合伙企业由一个或几个普通合伙人和一个或几个责任有限的合伙人组成，即合伙人中至少有一个人要对企业的经营活动负无限责任，而其他合伙人只能以其出资额为限对债务承担偿债责任，因而这类合伙人一般不直接参与企业经营管理活动。

(3) 相互代理。合伙企业的经营活动，由合伙人共同决定，合伙人有执行和监督的权利。合伙人可以推举负责人。合伙负责人和其他人员的经营活动，由全体合伙人承担民事责任。换言之，每个合伙人代表合伙企业所发生的经济行为对所有合伙人均有约束力。因此，合伙人之间较易发生纠纷。

(4) 财产共有。合伙人投入的财产，由合伙人统一管理和使用，不经其他合伙人同意，任何一位合伙人不得将合伙财产移为他用。只提供劳务，不提供资本的合伙人仅有权分享一部分利润，而无权分享合伙财产。

（5）利益共享。合伙企业在生产经营活动中所取得、积累的财产，归合伙人共有。如有亏损则亦由合伙人共同承担。损益分配的比例，应在合伙协议中明确规定；未经规定的可按合伙人出资比例分摊，或平均分摊。以劳务抵作资本的合伙人，除另有规定者外，一般不分摊损失。

合伙企业的优势：

（1）与个人独资企业相比较，合伙企业可以从众多的合伙人处筹集资本，合伙人共同偿还债务，减少了银行贷款的风险，使企业的筹资能力有所提高。

（2）与个人独资企业相比较，合伙企业能够让更多投资者发挥优势互补的作用，比如技术、知识产权、土地和资本的合作，并且投资者更多，事关自己切身利益，大家共同出力谋划，集思广益，提升企业综合竞争力。

（3）与一般公司相比较，由于合伙企业中至少有一个负无限责任，使债权人的利益受到更大保护，理论上来讲，在这种无限责任的压力下，更能提升企业信誉。

（4）与一般公司相比较，理论上来讲，合伙企业盈利更多，因为合伙企业交的是个税而不是企业所得税，这也是其高风险成本的收益。

合伙企业的劣势：

（1）由于合伙企业的无限连带责任，对合伙人不是十分了解的人一般不敢入伙；就算以有限责任人的身份入伙，由于有限责任人不能参与事务管理，这就产生有限责任人对无限责任人的担心，怕他不全心全意地干，而无限责任人在分红时，觉得所有经营都是自己在做，有限责任人就凭一点资本投入就坐收盈利，又会感到委屈。因此，合伙企业是很难做大做强的。

（2）虽说连带责任在理论上来讲有利于保护债权人，但在现实生活中操作起来往往不然。如果一个合伙人有能力还清整个企业的债务，而其他合伙人连还清自己那份的能力都没有时，按连带责任来讲，这个有能力的合伙人应该还清企业所欠所有债务。但是，他如果这样做了，再去找其他合伙人要回自己垫付的债款就麻烦了，因此，他不会这样独立承担所有债款的，还有可能连自己的那一份都等大家一起还。

3. 公司制企业

公司制企业又叫股份制企业，是指由两个以上投资人（自然人或法人）依法出资组建，有独立法人财产，自主经营，自负盈亏的法人企业。根据现行我国《公司法》（2005），其主要形式为有限责任公司和股份有限公司。两类公司均为法人（《民法通则》第 36 条），投资者可受到有限责任保护。

目前，国内外大中型企业，尤其是跨国集团，一般都是公司制企业类型。我们耳熟能详的国内企业，如海尔、联想、华为等，还有海外企业，如杜邦、可口可乐、雀巢、耐克等，都是公司制企业。

公司制企业的优点：

（1）无限存续：一个公司在最初的所有者和经营者退出后仍然可以继续存在。

（2）有限债务责任：公司债务是法人的债务，不是所有者的债务。所有者的债务责任以其出资额为限。

（3）所有权的流动性强。

（4）资本市场的优越地位。

公司制企业的缺点：

（1）双重课税：公司作为独立的法人，其利润需交纳企业所得税，企业利润分配给股东后，股东还需交纳个人所得税。

（2）组建公司的成本高：公司法对于建立公司的要求比建立独资或合伙企业高，并且需要提交各种报告。

（3）存在委托-代理问题：经营者和所有者分开以后，经营者称为代理人，所有者称为委托人，代理人可能为了自身利益而伤害委托人利益。

4. 三种类型企业对会计处理的影响

独资企业、合伙企业和公司制企业在设立上的要求不同，对注册资本金要求也有差别。而企业内会计工作整体框架没有什么差异，只是内容上的复杂程度不同。其主要的区别在于业主权益的核算和处理有所不同，一是账户设置上的区别，二是在利润留存、分配、股东分红、交税方面的区别。

（二）企业从事商务活动的类型

1. 制造型企业

这类企业是将原材料加工成产成品并将其销售给客户的企业，按马克思的描述可以将其经济活动表示为：

货币—商品（原材料、人力、固定资产等）—生产—新的商品（产成品）—包含剩余价值的货币

这类企业的活动比较复杂，会计也相应地复杂一些，特别是成本核算这一部分是企业财务方面的重点和难点。

这类企业很多，生产供应人类所需的衣食住行各种产品，包括一汽大众（生产汽车）、联想（生产电脑）、微软（生产软件）、苹果（生产电子产品，如手机）、可口可乐公司（生产饮料）、波音（生产飞机）等。

2. 商品流通型企业

这类企业不直接从事生产活动，而是将买入的商品直接卖给客户，按马克思的描述可以将其经济活动表示为：

货币—商品—包含剩余价值的货币

这类企业的主要活动是低买高卖，存货管理、供应链管理、利润管理显得很重要。这类企业包括沃尔玛、苏宁、国美、人民商场、伊藤洋华堂、红旗连锁、7-11等。

3. 服务型企业

这类企业提供的是服务而非具体的产品，范围广、品种复杂，服务很难标准化。与生产型企业比较而言，其提供的服务一般有以下特点：无实物形态、不可储存、服务的提供和消费同时进行、无法转移。这类企业一般没有库存，会计上的重点在于单笔服务的成本计算及共同费用的分摊、价格制定等。这类企业包括理发店、手机运营商、四大会计师事务所、迪士尼乐园、中国国航等。

4. 金融类企业

这类企业提供的是金融服务，简单而言就是关于“钱”的生意，按马克思的描述可以将其经济活动表示为：

货币—包含剩余价值的货币

这类企业主要有银行、非银行金融机构等。它们的业务流程和记账规则与一般企业有很大不同，专门有《金融企业会计》来解释说明其会计工作。在本门教材中，我们并未涉及这类企业。

二、会计信息使用者类型

（一）会计信息使用者分类

前面提到利益相关者时，已经通过图形让大家了解了一个组织体的利益相关者有哪些，而这些利益相关者也就是会计信息的需求者和使用者，如图 1－6 所示。

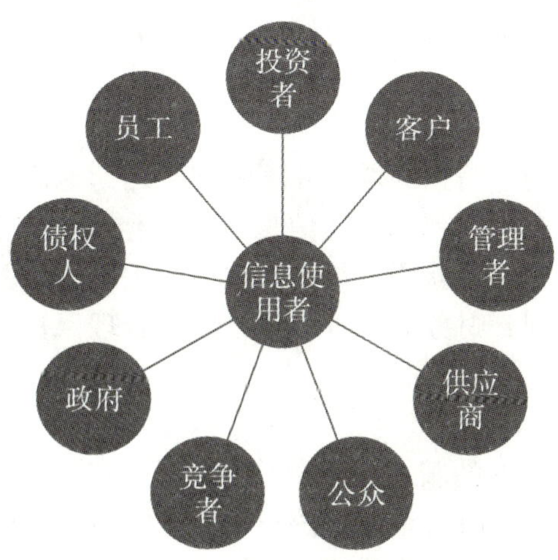

图 1－6　会计信息使用者示意图

1. 投资者

投资人也是所有者，也称为股东，通常就是企业的老板，实际掌权人。股东对企业会计信息的需求是非常主要和迫切的，尤其是有关企业盈利和分红等信息。当然这一类信息使用者，尤其是大股东通常是可以直接获得组织的第一手财务信息，并能够影响会计信息的产生过程及结果。

2. 债权人

债权人是借款给企业的债主，通过企业偿还利息获取收益，但他们不仅要关心利息的获取能力，更重要的是保证本金的安全性。这一类信息使用者通常是银行、信贷公司等金融机构，无法得到借贷对象第一手资料，因为他们并不能介入企业的经营管理，所以，会计提供的公开信息对他们而言就很重要了。一般而言，债权人的利益保障程度是可以通过政府的一些规定来表现的，比如证券市场的一些规则，对债权人权益保障的要求等。为了避免借款企业恶意逃债，各国都有相关的规定，而债权人自己也会合理利用会计信息来保障自身权益。

3. 政府管理部门

政府管理部门主要是税务、工商等，通过财务信息来征税并实行管理，以维护政府的运营和社会的发展，维护公平交易等。

4. 管理者

企业管理者，特别是高级管理人员实际上是会计信息的第一责任人，不但直接涉及会计信息的产生，而且也是会计信息的主要使用者。他们通过会计信息的传递，向各个利益相关者表现他们经营管理的结果，以此获得应得的收入和晋级。正因如此，特别要注意主要的管理人员在会计信息提供方面的"造假"。此类案例不胜枚举，古今中外概莫能外。现代企业及会计制度，就是要更好地避免这类事情的发生。

5. 普通员工

组织内的一般员工对会计信息的需要并不强烈，因为他们既无法影响会计信息的处理和报送，也通常并没有意识去利用会计信息。但工会组织要引导员工关注会计信息，尤其是所在企业和行业的工资、薪酬、福利、税金等关系到员工最直接的一些信息，同时还要了解企业发展、盈利、财务健康等信息，以便合理保护自身权益。

6. 供应商

供应商对特定企业，即他的服务对象的会计信息的关注，主要是为了维持客户关系，并能从中获取收入，维系自身企业的成长和发展。所以，他们所需要的信息集中在客户企业的盈利能力、现金流量、应收账款周转率等方面，避免出现不良客户而造成实质性损失。

7. 客户

客户关心的信息应该集中在产品和劳务方面，只有质量好的产品和劳务才能获得客户的信任和长期支持。对这一类客户，企业要积极提供他们所关心的一切信息，毕竟他们是企业的“衣食父母”，关键的信息使用者。

8. 公众

公众对会计信息的需求比较薄弱，但仍然是会计信息使用者的一支。他们通常是潜在的股东或债权人，通过关注不同企业的会计信息来决定自己的资金投资策略，所以好的会计信息要学会“讲故事”，从而吸引这些公众成为企业的股东或债权人，并积极扩大社会影响力。

9. 其他

其他的信息使用者可能是一些专业的数据收集公司、科研机构、高校教师等。他们使用会计信息主要是为了做科研、写报告之类的。

（二）会计信息使用者矩阵

不同的信息使用者所面临的决策是不一样的，对会计信息关注的重点也不尽相同。所以，有针对性地提供帮助他们更好决策的信息是会计工作的核心目的。只有对不同的利益相关者进行了解和沟通，才能为他们提供更好的会计服务。

不同的利益相关者既是不同的信息使用者，也是不同类型的信息影响者。按照对会计信息及企业的影响程度，我们构建了以下两个利益相关者（信息使用者）矩阵。

1. Mendelow 矩阵

Mendelow 矩阵是由 Aubrey Mendelow 于 1991 年提出的一种权力/利益矩阵（power interest matrix），又叫利益相关者矩阵，如图 1—7 所示。权力/利益矩阵根据利益相关者与其持有的权力的关系，以及从何种程度上表现出对组织战略的兴趣对其分类。这个矩阵指明了组织需要建立的与各利益相关者之间的关系的种类。该矩阵大致地将所有利益相关者划分到四个象限中，用来确立公司与利益相关者的关系和策略。

权利/利益矩阵：用来确立公司与利益相关者的关系和策略

		利益水平 低	利益水平 高
权力	低	A 最少的努力	B 提供信息
	高	C 保持满意	D 主要利益相关者

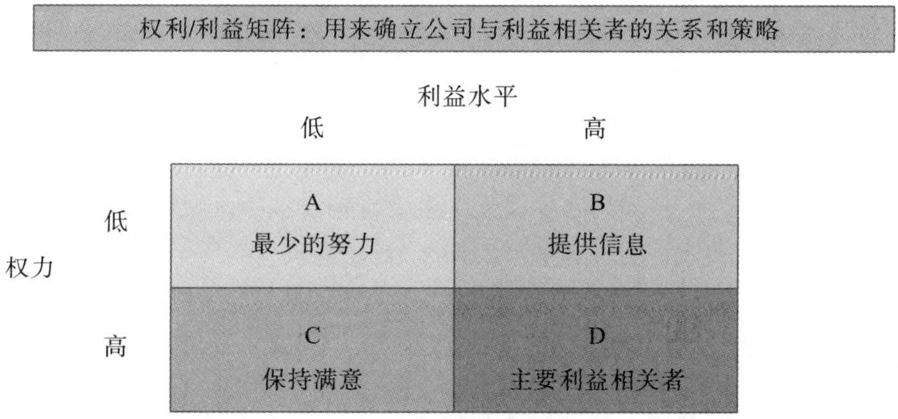

图 1—7　权力/利益矩阵

显然，在制定和发展新战略的过程中，应重点考虑主要利益相关者（细分市场 D）是否接受该战略。

那些最困难的利益相关者经常是细分市场 C 内的利益相关者，虽然这些利益相关者总的来说是相对被动的，但要注意利益相关者影响战略的方式受特定事件的影响，即特定事件促使他们对战略产生影响。因此，全面考虑利益相关者对未来战略的可能的反应非常重要。如果低估了他们的利益，他们突然重新定位于细分市场 D 内并且阻止采用新战略，那么情况就会变得很糟。

类似地，需要正确地对待细分市场 B 中利益相关者的需要——主要通过信息来满足。在影响更有权力的利益相关者的态度时，他们是非常重要的“联盟”。这种确定利益相关者位置的方法，其价值在于能分析以下问题：政治、文化状况是否可能会阻止采纳特定的战略；谁可能会是变化的主要阻止者和推进者；为了重新确定特定的利益相关的位置，是否需要坚持战备。

需要维持活动来阻止利益相关者对他们自己重新定位，这就意味着要保持与细分市场 C 有关的利益相关者的满意程度，减少其与细分市场 B 中的利益相关者保持联系的程度。

2. 权力/动态性矩阵

权力/动态性矩阵也是利益相关者矩阵的一种类型，描述的是利益相关者的行为可预测性和权力之间的结合状态。通过行为可预测性和权力在高、低两种情况下的两两组合，在权力/动态性矩阵上可以画出各利益相关者的位置，如图 1－8 所示。利用这种方法可以很好地评估和分析出在新战略的发展过程中应该在哪儿引入“政治力量”。

权力 \ 行为可预测性	高	低
低	A 地位较低却死心塌地	B 较低地位却左右摇摆
高	C 位高权重、立场坚定	D 位高权重但容易动摇

利益相关者分析：权力/动态性矩阵

图 1－8　权力/利益矩阵

细分市场 A 和 B 内的利益相关者权力很小，但是这并不意味着他们不重要。事实上，这些利益相关者的积极支持，会对权力更大的利益相关者的态度产生影响。

在细分市场 C 内的利益相关者，可能会通过管理人员的参与过程来影响战略，这些管理人员同意他们的观点并建立那些代表他们期望的战略。

最难应付的团体是处于D区内的那些团体，因为他们可以很好地支持或阻碍新战略，但是他们的观点却很难预测。其隐含的意思非常明显：在已建立一个不可改变的地位前一定要找到一种方法，来测试这些利益相关者对新战略的态度。

（三）会计的管理机构及制度

各国对会计的管理都比较严格，这有别于一般的职业管理。在国外，有这样一种说法，就是“三师”很重要，也很受欢迎，但取得这样的资格证书很困难。这三个职业就是医师、会计师、律师。大概是因为这三个职业事关重大，所以管理比较严格。会计师因为涉及企业组织、公众，甚至国家的经济利益，所以也要严格规范和管理。加之每个企业的情况不相同，如果不加以规范，形成统一的制度，各个企业提供的信息就不具有可比性，实用性也会大打折扣。历史上，会计信息也曾经历了很长时间的自由散漫，企业完全由着性子，自已决定是否公开财务信息、公开什么内容的财务信息。后来，这样的状况导致了1929年美国股市的股灾，引起了政府和监管部门的高度重视。痛定思痛，美国对所有上市公司的财务信息做了详尽的规范，同时会计职业团体，如FASB也颁布了一系列的会计准则，对企业的会计行为进行规范。

目前，国际上对会计工作的管理分为以下两类：政府主导型和职业团体主导型。

1. 政府主导型

政府主导型的国家，会专门建立一套完整的国家会计工作管理体制。国家会计工作管理体制是指国家管理会计工作的组织形式和基本制度，包括管理机构的设置、职责范围的确定和管理职权的划分，是国家会计法律、法规、规章、制度和方针、政策得以贯彻落实的组织保障和制度保障，主要包括会计工作的行政管理、会计工作的行业管理和单位内部的会计工作管理等。针对企业会计，一般是由政府主管部门出台相应的会计或财务规章制度、原则、准则之类的，企业照章执行，并接受政府相关部门的监督和检查。

以中国为例，我国《会计法》规定，国务院财政部门主管全国的会计工作，主管企业会计工作的是财政部下面的会计司，县级以上地方各级人民政府财政部门管理本行政区域内的会计工作。我国会计工作实行“统一领导，分级管理”体制，即在国务院财政部门统一规划、统一领导的前提下，实行分级负责、分级管理，充分调动地方、部门、单位管理会计工作的积极性和创造性。我国作为社会主义市场经济国家，公有制占主导地位，会计工作对维护社会主义市场经济秩序有其特殊的作用，要求基层单位的会计工作在为本单位的经营管理和业务活动服务的同时，还要为国家宏观调控服务。这就要求我国会计工作管理体制必须明确会计工作的主管部门、国家统一的会计制度的制定权限、对会计工作的监督检查部门和监督检查范围、对会计人员的管理等内容。

财政部于2006年发布新的会计准则和审计准则体系，共计39项新会计准则和48项注册会计师审计准则。其中新会计准则于2007年1月1日起在上市公司中执行，其他企业鼓励执行。值得关注的是，新会计准则体系基本实现了与国际财务报告准则的趋同。2005年财政部先后发布了6批共22项会计准则的征求意见稿，此外，对现行的

1997年至2001年期间颁布的16项具体会计准则，也进行了全面的梳理、调整和修订，最终在2006年构建起一套企业会计准则的完善体系。2014年，财政部相继对《企业会计准则——基本准则》《企业会计准则第2号——长期股权投资》《企业会计准则第9号——职工薪酬》《企业会计准则第30号——财务报表列报》《企业会计准则第33号——合并财务报表》和《企业会计准则第37号——金融工具列报》进行了修订，并发布了《企业会计准则第39号——公允价值计量》《企业会计准则第40号——合营安排》和《企业会计准则第41号——在其他主体中权益的披露》等三项具体准则，最终形成了指导会计工作的42个准则系列。

在制定并实施会计准则的过程中，为了更好地指导使用者对会计准则的理解和使用，财政部于2006年10月30日发布《企业会计准则——应用指南》，自2007年1月1日起在上市公司范围内施行，应用指南共计32项，并附录《会计科目和主要账务处理》。

这些会计准则和应用指南的具体内容如表1－1所示。

表1－1 会计准则及应用指南名录表

企业会计准则	企业会计准则应用指南
《企业会计准则——基本准则》	
《企业会计准则第1号——存货》	《企业会计准则第1号——存货》应用指南
《企业会计准则第2号——长期股权投资》	《企业会计准则第2号——长期股权投资》应用指南
《企业会计准则第3号——投资性房地产》	《企业会计准则第3号——投资性房地产》应用指南
《企业会计准则第4号——固定资产》	《企业会计准则第4号——固定资产》应用指南
《企业会计准则第5号——生物资产》	《企业会计准则第5号——生物资产》应用指南
《企业会计准则第6号——无形资产》	《企业会计准则第6号——无形资产》应用指南
《企业会计准则第7号——非货币性资产交换》	《企业会计准则第7号——非货币性资产交换》应用指南
《企业会计准则第8号——资产减值》	《企业会计准则第8号——资产减值》应用指南
《企业会计准则第9号——职工薪酬》	《企业会计准则第9号——职工薪酬》应用指南
《企业会计准则第10号—企业年金基金》	《企业会计准则第10号——企业年金基金》应用指南
《企业会计准则第11号——股份支付》	《企业会计准则第11号——股份支付》应用指南
《企业会计准则第12号——债务重组》	《企业会计准则第12号——债务重组》应用指南
《企业会计准则第13号——或有事项》	《企业会计准则第13号——或有事项》应用指南
《企业会计准则第14号——收入》	《企业会计准则第14号——收入》应用指南
《企业会计准则第15号——建造合同》	
《企业会计准则第16号——政府补助》	《企业会计准则第16号——政府补助》应用指南
《企业会计准则第17号——借款费用》	《企业会计准则第17号——借款费用》应用指南

续表1—1

企业会计准则	企业会计准则应用指南
《企业会计准则第 18 号——所得税》	《企业会计准则第 18 号——所得税》应用指南
《企业会计准则第 19 号——外币折算》	《企业会计准则第 19 号——外币折算》应用指南
《企业会计准则第 20 号——企业合并》	《企业会计准则第 20 号——企业合并》应用指南
《企业会计准则第 21 号——租赁》	《企业会计准则第 21 号——租赁》应用指南
《企业会计准则第 22 号——金融工具确认和计量》	《企业会计准则第 22 号——金融工具确认和计量》应用指南
《企业会计准则第 23 号——金融资产转移》	《企业会计准则第 23 号——金融资产转移》应用指南
《企业会计准则第 24 号——套期保值》	《企业会计准则第 24 号——套期保值》应用指南
《企业会计准则第 25 号——原保险合同》	
《企业会计准则第 26 号——再保险合同》	
《企业会计准则第 27 号——石油天然气开采》	《企业会计准则第 27 号——石油天然气开采》应用指南
《企业会计准则第 28 号——会计政策、会计估计变更和差错更正》	《企业会计准则第 28 号——会计政策、会计估计变更和会计差错更正》应用指南
《企业会计准则第 29 号——资产负债表日后事项》	
《企业会计准则第 30 号——财务报表列报》	《企业会计准则第 30 号——财务报表列报》应用指南
《企业会计准则第 31 号——现金流量表》	《企业会计准则第 31 号——现金流量表》应用指南
《企业会计准则第 32 号——中期财务报告》	
《企业会计准则第 33 号——合并财务报表》	《企业会计准则第 33 号——合并财务报表》应用指南
《企业会计准则第 34 号——每股收益》	《企业会计准则第 34 号——每股收益》应用指南
《企业会计准则第 35 号——分部报告》	《企业会计准则第 35 号——分部报告》应用指南
《企业会计准则第 36 号——关联方披露》	
《企业会计准则第 37 号——金融工具列报》	《企业会计准则第 37 号——金融工具列报》应用指南
《企业会计准则第 38 号——首次执行企业会计准则》	
《企业会计准则第 39 号——公允价值计量》	
《企业会计准则第 40 号——合营安排》	
《企业会计准则第 41 号——在其他主体中权益的披露》	

上述基本准则、具体准则、应用指南三个内容，依次自上而下形成企业会计准则的三个层次，构成我国的企业会计准则体系（2006），并具有法律法规上的效力，在全国

范围内（港、澳、台除外）强制执行。

同时，为了规范小企业会计确认、计量和报告行为，促进小企业可持续发展，发挥小企业在国民经济和社会发展中的重要作用，根据《中华人民共和国会计法》及其他有关法律和法规，财政部制定了《小企业会计准则》，自 2013 年 1 月 1 日起在小企业范围内施行，鼓励小企业执行。2004 年 4 月 27 日发布的《小企业会计制度》同时废止。

除了上述专业的会计准则之外，我国针对会计的法律法规还包括以下内容：

（1）会计基本法：《中华人民共和国会计法》。

（2）会计规章制度：《企业财务会计报告条例》《会计从业资格管理办法》《注册会计师法》《中国注册会计师职业道德基本准则》《会计基础工作管理规范》《会计档案管理办法》等。

2. 职业团体主导型

国际上的很多国家采用职业团体主导型的方式进行会计管理，国家行政只是起到一些指导和监督作用。这些国家包括美国、英国、加拿大等西方国家。

会计师职业团体的基本作用在各个国家略有不同，有些国家的职业团体作用比较大，有些国家小一些。政府主导型的国家，会计师职业团体的作用会少一些，比如中国。在美国、英国这些老牌资本主义国家，会计师职业团体在会计的管理工作中发挥了积极主动的作用。

（1）制定准则和规则，包括制定审计准则、编报和审阅准则、审计鉴证准则、质量控制准则、咨询服务和纳税实务准则以及职业行为守则。

（2）组织注册会计师考试和阅卷。

（3）进行后续教育。

（4）促进准则和规则的实施。

（5）沟通和协调。

1853 年，在苏格兰的爱丁堡诞生了世界上第一个会计师职业团体，即爱丁堡会计师协会。目前国际上有影响的会计师职业组织如下：

（1）区域性的。

具有代表性和影响力的国家性或区域性的会计师职业团体主要有英格兰及威尔士特许会计师协会（ICAEW）、美国注册会计师协会（AICPA）、中国香港会计师公会（HKICPA）、澳洲特许会计师协会（ICAA）、加拿大特许会计师协会（CICA）、英国特许公认会计师协会（ACCA）、英国特许管理会计师协会（CIMA）、澳洲会计师公会（CPAA）、加拿大注册会计师协会（CGA）、美国注册管理会计师协会（CMA）、新加坡注册会计师协会（ICPAS）、日本公认会计士协会（JICPA）、中国注册会计师协会（CICPA）、爱尔兰特许会计师协会（ICAI）、苏格兰特许会计师协会（ICAS）等。

（2）国际性的。

国际性的会计师职业团体主要如下：

①国际会计师联合会（The International Federation of Accountants，简称 IFAC）成立于 1977 年，是目前世界上规模最大的国际会计师组织，总部位于美国纽约。会员

由来自118个国家和地区的155个行业组织组成，代表着250万服务于不同行业的会计专业人员。中国注册会计师协会于1997年5月8日正式加入IFAC成为其会员。IFAC的宗旨是：通过制定和实施高质量的职业标准，并促进标准的国际趋同，促进世界范围内会计行业发展，推动全球经济增长，服务公众利益。

②国际会计师公会（The Association of International Accountants，简称AIA）成立于1928年，总部设在英国，是一家国际性会计专业考试机构和会员团体，其专业资格证书受到英国政府的官方认可，会员分布在全球85个国家和地区。国际会计师公会的主要目标是：成为职业会计师的国际化组织；通过教育培训，推广国际会计准则、国际审计准则、职业道德标准及国际商务管理和实践，支持会计行业的国际趋同；为国际会计师公会所在国家和地区的会计行业提供支持和协作。

第四节　会计的含义和作用

一、会计的含义

上面介绍了那么多有关会计历史、会计工作对象、会计管理的一些事实，那么，究竟什么是会计呢？

一种比较浪漫的说法是“会计是一种通用的商业语言”，或者说，“会计是语言和数字结合的艺术”。这些定义严格意义上是对会计的艺术化，或者着重于其表象。这门“艺术”是可以进行人为加工的，可以修饰得更好看。这样的说法可能是希望会计能更吸引人一些，免得大家对会计望而生畏。

学术界的定义自然要抓住会计的内涵，那么，该怎样为会计下一个确切的学术定义呢？历史上有关会计的定义也不少，通过对会计发展历史的梳理和认识，我们从比较客观的角度来认识一下会计，从中也可以看出会计发展过程中人们认识的不断进步，以及会计本身作用的加强。

（一）工具论、技术论等

早期的学者将会计定义为工具或技术，认为会计就是企业管理的一种工具或一门技术，就像英语一样，是人们进行沟通的工具。这样的认识无疑是将会计的作用简化了，降低了会计的实际地位。后来慢慢地，随着经济的发展，企业活动范围的扩大，会计工作的重要性越发凸显，人们认识到，工具论或技术论已经无法解释会计的概念。

（二）信息系统论

现在一般的主流认知将会计解释为：会计是一个信息系统，它收集、加工、处理、储存、报送会计信息给信息使用者，帮助他们更好地进行决策。

持这种观点的是主流群体，职业人士也比较赞成这样的观点。这种观点也比较容易被广大的非会计人员理解和接受。西方发达国家的历史进程佐证了这样的解释，所以这是目前比较主流的说法。

（三）管理活动论

另外一种本土的说法认为会计是一项管理活动，可以帮助企业或组织完成其管理功能。管理的功能在于计划、控制和决策，会计不但为这些功能提供信息，而且还直接参与完成这些功能。

这个说法比较符合会计目前的发展趋势，会计已经"跨界"发展，各学科的融合也越来越明显。传统的会计可能更专注于信息的加工和提供，而现代会计的职能范围发展更广泛。

（四）制度安排论

从会计演化的进程来看，会计是人们在经济交往中形成的一种规则，是围绕一个能产生利益的经济组织做出的有关价值记录、确认、计量、报送等方面的一系列规定。正是在这种制度的提供下，会计数据所包含的财务信息才能够以一种有效率、有组织的方式出现，并被人们所用。所以，会计从广义上而言，是人类创建的一种"制度"。

总之，会计是社会经济发展的一面镜子，是反映企业"健康"状况的一面镜子，是一种商业语言，是一种沟通的方式。经济越发展，会计越重要。

查特菲尔德在《会计思想史》中说："会计的发展是反映性的。也就是说，会计主要是应一定时期的商业需要而发展的，并与经济的发展密切相关。随着记账必要性的增强，会计资料促进或妨碍经济发展的能力在增强。"

会计为我们提供了经济活动以及商务交易过程的影像，就像纪录片一样，忠实地记录下这段时间发生的活动，通过剪辑再向使用者播放。随着经济活动范围的扩大和复杂性的增强，会计记录和反映的内容也越来越丰富，服务对象也就越来越庞杂，涉及面越来越广（如图1—9和图1—10所示）。

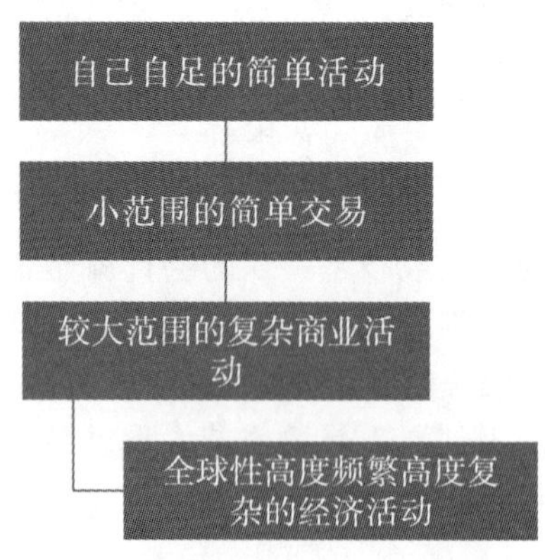

图1—9 经济活动的发展示意图

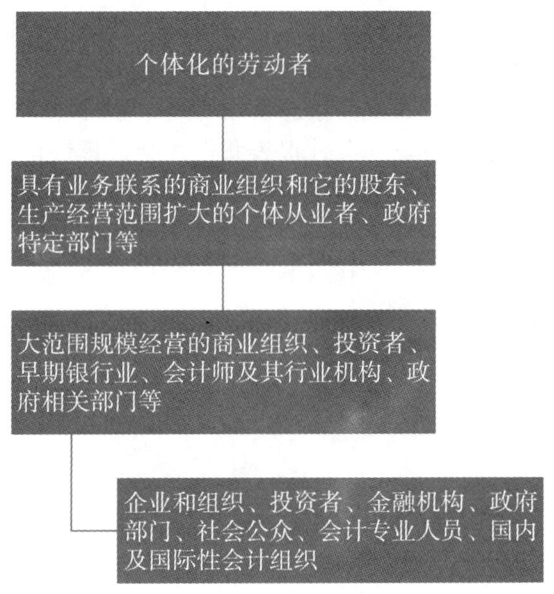

图 1—10 会计服务对象的演化示意图

二、会计的作用

小故事：

一个财务总监死后，和上帝喝茶，上帝认为他太能算了，会打扰天堂的幽静，于是就把他打入了地狱。刚过了一个星期，阎王就满头大汗找上门来说："上帝呀，赶紧把他弄走吧。"上帝问："怎么回事？"阎王说："地狱的小鬼们都被他激活了，天天做预算，讲内控，谈成本规划，盘点库存，弄税务报表。我说话都没人听，他还要我做组织架构、工作流程、目标设定、薪酬设计、绩效考核，地下工作者也要注重形象，提高服务技能，让利益相关者满意。"上帝大怒："让他上天堂，看我怎么收拾他。"一个月后，阎王遇见上帝，问："上帝，那个搞财务的人被您收拾得怎么样了？"上帝停住脚步，回答说："你犯了三个错误，第一，你应该叫我经理！第二，这个世界根本就没有上帝，只有客户才是上帝！第三，我没有时间和你闲扯，我要去做报表了。"

上面的小故事固然有些夸张，但事实上，会计及会计工作者在组织中的作用是很重要的。有一段时间，甚至有人提出企业管理的核心就是财务。传统的管理中，过分看重实物的重要意义，对资金、固定资产、人力很关注，但进入 21 世纪后，信息社会渐渐取代工业社会，以至于在现代的企业管理学中，我们提出企业的运作需要以下几方面的配合：人力流、物资流、资金流、信息流。信息成为重要的一个因素，左右着企业的前进以及成功与否。正因为如此，作为信息的主要加工者，会计的作用不言而喻。事实上，会计已经不再仅仅是一种记录的工具，更多地，它本身就是一种管理的方式或职能表现。

那么，在典型的营利性组织，也就是企业里，会计的作用究竟是什么呢？依据上述对会计的基本定义，会计应该是为利益相关者提供一个企业经济活动和状况的信息系统，利益相关者利用这些信息进行相关决策。之所以会计越来越重要，是因为一方面企业活动的发展越来越复杂，需要更专业的人员从事专业的会计信息处理和加工及报送；另一方面是企业两权分离，导致大量的信息使用者是企业的外部人，无法直接获得企业的相关信息，只能借助中间渠道——会计报表获得。会计提供信息的流程图如图 1-11 所示。

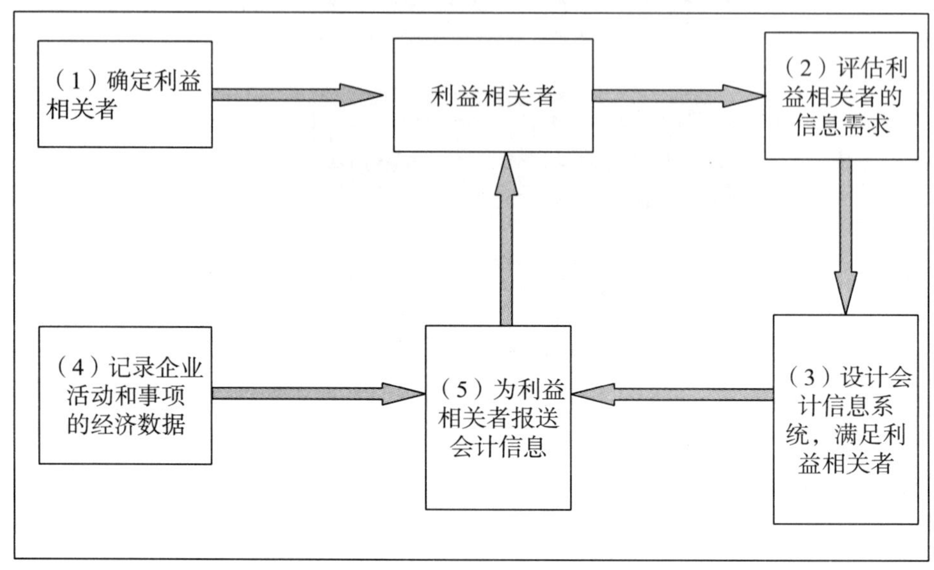

图 1-11　企业经济信息流程图

因此，作为企业信息收集、加工、报送的主体，会计的作用至少有以下几点：协调、沟通、增进信任和秩序、减少风险、节约交易成本。

第二讲　会计为什么

——会计理论框架体系

学习目标

1. 了解会计理论框架的基本概念和内容
2. 了解会计的本质、职能和目标
3. 掌握会计工作的基本前提
4. 掌握会计信息质量标准
5. 掌握并熟练应用会计要素和会计等式

第一节　会计理论基本框架简介

一、会计理论基本框架的概念及内容

（一）会计理论框架概念

会计理论框架是会计基本理论的一个结构性的体系，包含了会计的基本理论以及对实践工作的指导方针。概念框架就是用来阐释整个会计实践工作的主要导向的基础性说明。就像搭建房子，会计理论是钢筋混凝土搭出的基建结构，而具体的内容和细节则是框架里面填放的砖瓦、木块等。理论框架的合理与否，直接关系到填充内容合适与否，最终会影响“房子”的可住性，也就是影响会计操作的可行性。

关于会计理论框架，一般我们是沿用美国会计准则委员会的“财务会计概念框架”，这是FASB的首创，后面的会计概念框架都没有能够脱离其基本窠臼。

财务会计概念框架（Conceptual Framework for Financial Accounting，简称CF）作为一个专门术语，最早出现于1976年12月美国财务会计准则委员会（Financial

Accounting Standards Board，简称FASB）公布的《财务会计概念结构：财务报表的要素及其计量》以及《概念框架项目的范围和含义》中。在360百科所查出来的结果显示："所谓财务会计概念框架，是'财务会计与报告的概念框架'（Conceptual framework for Financial Accounting and Reporting）的简称，为了方便，通常简称为CF，是由一系列说明财务会计并为财务会计所应用的基本概念所组成的理论体系，是评价现有的会计准则、指导和发展未来会计准则的理论依据。"

FASB早在1973年就认识到会计目标的重要性，于是逐渐构建完善了以会计目标为起点的概念框架体系，并对国际会计准则委员会以及英国、日本、澳大利亚、加拿大和中国等主要国家的会计理论框架产生了深刻影响。

FASB初步形成了由财务报告的目标、会计信息的质量特征、财务报表的要素、财务报表要素的确认和计量等组成的概念框架体系。FASB认为，虽然《财务会计概念公告》本身并不是会计准则，但是，它却可以发挥以下几个方面的作用：

（1）指导FASB制定会计准则。

（2）在缺乏特定会计准则的情况下，为解决会计问题提供一个参考框架。

（3）在编制财务报表时，确定判断的范围。

（4）使财务报表的使用者增加对财务报表的理解和信心。

（5）通过减少会计备选方法的方式增强财务报表的可比性。

由于FASB重视财务会计概念框架的作用，并将它作为制定会计准则的理论基础和指导原则，所以较好地保证FASB所制定的各项会计准则能够做到前后一致和相互协调。

国际会计准则委员会（IASB）在1989年颁布了《编报财务报表的框架》，包括前言、引言、财务报表的目标、基础假设、财务报表的质量特征、财务报表的要素、财务报表要素的确认、财务报表要素的计量、资本和资本保全概念。这为财务报表的编制及之后的财务报表编制准则的制订提供了一个完整的基础框架。

（二）会计理论框架内容

FASB的财务会计概念框架内容包括财务报告的目标、会计信息的质量特征、财务报表的要素、财务报表要素的确认和计量，IASB的概念框架内容包括财务报表的目标、基础假设、财务报表的质量特征、财务报表的要素、财务报表要素的确认、财务报表要素的计量、资本和资本保全。

我国的财务会计概念框架的内容还不够完善，但基本上和国际主流接轨。从已经颁发的会计准则来看，其主要包括基本假设、会计目标、会计信息质量要求、会计要素及其确认、会计计量、财务报告等六方面。

在本书中，作者的看法和国际流行观点大同小异，不过还是加入了自己的思考。笔者认为，财务会计概念框架不足以涵盖会计的基本理论，不足以具体指导会计的实践工作。因此，在本书中，笔者用"会计理论框架"代替"财务会计概念框架"，强调了"理论框架"而非"概念框架"，想体现出会计理论对实践的指导意义。

关于会计理论框架的内容，可以参考图2-1。

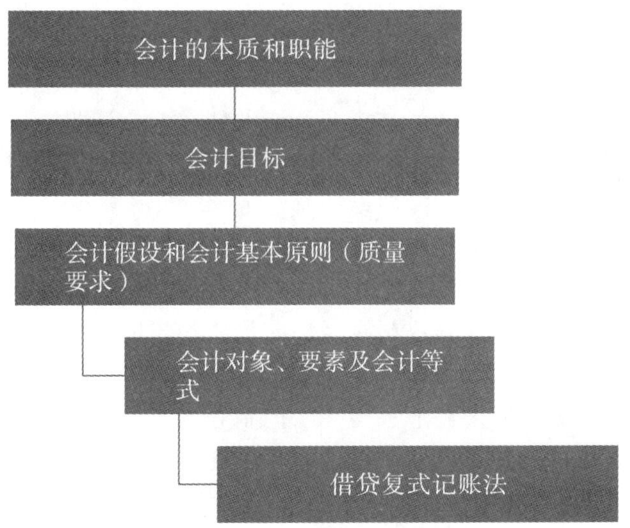

图 2—1　会计理论框架示意图

第二节　会计本质和职能

一、会计本质

会计的本质可理解为会计的性质或实质，也就是指会计的内涵，类似前面提到的定义。会计本质是指本身所固有的、决定其性质和发展的根本属性，和任何事物的本质一样，会计的本质是通过现象来表现的，必须透过现象去把握。

在中外会计界，人们对会计本质的认识历来存在分歧。综合起来，主要有以下几种观点：

（1）管理工具论，认为会计是管理经济活动的一种工具。

（2）艺术论，认为会计是一种记录、分类和总结企业的交易并报告和解释其内容的艺术。

（3）信息系统论，认为会计是一个以提供财务信息为主的经济信息系统。

（4）管理活动论，认为会计是一种经济管理活动，其本身具有管理的职能。

（5）制度论，基于前面给出的分析和说明，会计可以理解为一种制度安排。会计通过信息的收集、处理、汇总、加工、报送、分析来达到影响相关人员行为，为特定主体获得经济效益的目的。会计是一种制度规范，进行的是信息的传递和沟通，通过有效率的专业方法，节约成本和时间，协调各方利益。经济活动的复杂性、频繁性导致会计涉及的范围越来越广，利益主体越来越多，技术上也就越来越复杂。

二、会计职能

会计的职能，或称会计的功能，是指会计能做什么。会计职能是一个发展变化的概念。随着经济的发展，会计越来越重要，会计职能也相应扩展。人们对会计职能的认识往往存在分歧，这集中体现在对职能数量的看法上。

一般的说法认为，会计有两大职能：核算和监督。也有些学者提出了三职能说、四职能说、五职能说甚至六职能说等，比如六职能：核算（反映）经济活动、监督经济业务、控制经济过程、评价经营业绩、预测经济前景、参与经济决策。

在通用的两大职能里，会计的核算职能就是为经济管理搜集、处理、存储和输送各种会计信息。会计监督是指通过调节、指导、控制等方式，对客观经济活动的合理、合法、有效性进行考核与评价，并采取措施施加一定的影响，以实现预期的目标。

应该看到，会计职能是随着会计活动领域的扩展、会计工作环境的改变而发展变化的。经济发展带来更多更复杂的经济业务，导致会计活动范围的扩大，会计的职能也就不仅限于核算和监督了。

越来越多的迹象表明，在企业里，会计积极参与了企业经济活动的全部过程，为企业管理服务。企业管理职能也深刻地影响了会计职能，如果说管理的职能是计划、控制和决策，那么，会计的职能至少也应该有这样的表现。所以，核算和监督这两个基本职能也要与时俱进，体现出会计帮助信息使用者进行决策的作用。

第三节　会计目标

一、会计目标概念

目标是指某一事物或行动应该达到的目的或实现的结果。关于会计目标，从 20 世纪到现在，形成了两个主要流派：受托责任学派和决策有用学派。而目前我国会计理论界对于会计目标的探讨，也主要局限于这两个学派之争。简单地说，会计目标是指会计是为哪些人提供哪些会计信息，以及满足会计报表使用者的哪些需要，因此会计目标是建立会计实务和会计理论的基础，是会计理论基本结构的最高层次。

会计作为服务性行业，目标是为信息使用者服务。信息使用者的多元化，导致会计信息服务对象的多元化，因此会计目标针对的对象是多元化的，并不仅限于企业所有者。早期的会计目标比较单一，一般认为会计是为企业股东服务，因为企业就是为股东创造价值的。但现代社会的发展，赋予企业更多的职责，围绕其存在的利益相关者众多，企业的目标是为利益相关者创造价值，所以会计服务的对象就是众多利益相关者，当然会计的目标也就是为利益相关者即信息使用者服务。不过，利益相关者的重要性不同，会计服务的重点也会有所不同，这取决于利益相关者多方博弈的结果。

目前，比较流行的会计目标理论主要有以下两个："受托责任观"（Stewardship Approach）和"决策有用观"（Decision－usefulness Approach）。二者是在不同的经济环境下的产物，"受托责任观"适用于所有者和受托者都十分清晰的市场经济环境，"决策有用观"适用于资本可以趋利性流动、所有者（委托者）缺位和模糊的市场经济环境。

二、受托责任观

受托责任观认为，会计提供报告的主要目的应该是反映受托者对受托责任的履行情况。由于对受托责任的履行集中表现为企业的经营业绩，那么，按照受托责任观的理解，会计的目标就是提供会计主体的经营业绩及评价结果。在此观点下，财务报告的目标被定义为：以恰当的方式或尽可能准确的方式如实反映和报告经济资源、受托者的受托经济责任及其履行情况。"受托责任观"主要是针对现有外部财务报表使用者，偏重于财务报告的证实价值，其对会计基本原则的偏向表现为：

（1）会计信息质量特征方面，偏向于信息的可靠性和客观性。

（2）会计确认方面，仅对已发生的经济事项进行确认。

（3）会计计量方面，采用具有可验证性的历史成本法进行计量。

（4）财务报表列报方面，关注经营业绩的计量，即偏向于"利润表观"。

三、决策有用观

决策有用观认为，会计的目的就是向信息使用者提供有利于他们决策的信息。这种观点假设：财务报告信息对现有和潜在的投资者、贷款方和债权人等进行合理投资、信贷决策是有用的。因此，财务报告的目标被定义为：向财务报告使用者提供对其决策有用的信息。"决策有用观"也以资本所有权和经营权的两权分离为前提，但更关注资本市场中现有和潜在的财务报告使用者，因此，其报告的信息不仅包括向现有所有者反映受托责任的部分，还包括可能影响现在投资者决策的部分。

决策有用观针对现有和潜在的财务报表使用者，偏重于财务报告的预测价值，其对会计基本原则的偏向表现为：

（1）会计信息质量特征方面，偏向于信息的相关性和有用性。

（2）会计确认方面，不仅关注已发生的经济事项，还关注对企业产生影响的现时和未来事项。

（3）会计计量方面，更倾向于公允价值法或现行价值法。

（4）财务报表列报方面，更关注企业经济资源的计量，即偏向于"资产负债表观"。

无论是受托责任观还是决策有用观，二者其实是可以相互融合的。这种相容性也越来越得到广泛认可和实践证明。因为信息的提供，是通过"受托责任"的要求，完成"决策有用"的结果，二者是一个过程的两个侧面，就像硬币的两个面一样，表现不同，实质意义殊途同归。

第四节 会计假设——会计工作前提

会计假设是用于规范会计工作的一个基本框架，又叫作会计工作前提条件，用于界定会计工作的基本条件和范围。

一、会计主体假设：账不能记到别人头上

脑筋急转弯：

有3个人去投宿，一晚300元，每人各掏了100元给老板。老板说今天优惠，只要250元就够了，拿出50元叫服务生去退还；服务生想到50元分给三个人不好分，于是服务生藏下20元，然后把剩余30元给3个人各分了10元。这样，一开始每人掏了100元，现又退回10元，每人只花了90元钱，3个人每人90元，加上服务生藏起的20元，总共290元，还有10元钱哪里去了？

这道题，只要搞清楚会计主体，用会计的思维方法，很容易就解答了。

先看投宿的三个人，作为一会计主体应该是：

拿出现金=支付的费用，即300－30=270。

而老板作为一会计主体，应该是：

收到的现金=收入，即250。

服务生作为一会计主体，应该是：

藏下的钱=额外收入，即20。

那么，这笔经济活动涉及的三个主体之间的关系如下：

拿出来的现金=收到手的现金，即300－30=250＋20，也就是270=270，刚好平衡，不多不少。

而在题目中的计算是不对的，因为他把主体对象搞错了，就是把给钱的人和收钱的人混为一谈了。

在会计中，是讲究平衡关系的。任何一笔经济活动或交易涉及的会计主体一定要分清，这样账才不会记错。

会计主体的含义就是：账应该记在谁的头上？

经济活动的复杂性导致了会计主体牵涉对象很多，所以会计就更应该清楚每一笔账到底记在谁的头上。举一个例子：

张三开了一家杂货店，经营日用品。这家杂货店就是一个会计主体，而其所有者就是张三。会计主体的确认就是要保证所有者个人的经济活动和他所投资的对象的经济活动区分开。在这个例子中，张三个人的活动就不能和杂货店的活动混为一谈。

如果张三因为个人需要，在杂货店里拿了一管牙膏，没有给钱，这项行为应该记账吗？怎么记账？

首先，我们确认，张三和杂货店是两个独立的实体，这是两个实体之间的交易，虽然没有现金支付，但仍然要分别入账。

对张三而言，牙膏是他取得的一项资产，还没有付款，所以做账应该是：资产=应付账款。

对杂货店而言，是以赊销方式卖出一管牙膏，所以应该是：收入=应收账款。同时结转牙膏的成本：存货=成本。

总结这个经济业务，就是张三赊购了一管牙膏，杂货店赊销了一管牙膏；张三的支出等于杂货店的收入，同时实物从杂货店转移到张三手里。

所以，会计主体假设实际上要求的是记账的物理范围，或者说记账的实体对象。它包含两个区别：区别不同会计主体，区别会计主体和所有者。

会计主体的界定关键是看记账范围和对象的选择。会计主体可大可小，大到一个国家，小到一个个体，都可以作为一个会计主体。

需要注意的是，会计主体和法律主体不可混为一谈。会计主体的范畴更广，而法律主体范围要窄一些。通常，一个法律主体就是一个会计主体，但一个会计主体不一定是一个法律主体，二者之间是一个包含和被包含的关系。

二、持续经营假设

所谓持续经营，是指一个会计主体的经营活动将会无限期地延续下去，在可以预见的未来，会计主体不会因遭遇清算、解散等变故而不复存在。持续经营是会计确认、计量、报告的前提，界定了会计核算的时间范围。

持续经营假设是会计上比较特殊的一个假设。如果说会计主体假设规定的是会计工作的空间范围，那么相对应地，持续经营假设可以看作是规定会计工作的时间范围。不过，这个时间范围实在是太长了。

《大话西游》里有一段经典对白：曾经有一份真诚的爱情放在我面前，我没有珍惜，等我失去的时候我才后悔莫及，人世间最痛苦的事莫过于此。你的剑在我的咽喉上割下去吧！不用再犹豫了！如果上天能够给我一个再来一次的机会，我会对那个女孩子说三个字：我爱你。如果非要在这份爱上加一个期限，我希望是……一万年……

会计上的持续经营的期限应该是多久呢？不止一万年，是无限期！

为什么会这样呢？因为会计记账和核算过程中会遇到很多有关时间的问题。比如，普通工资的发放一般涉及的是月份，而绩效工资的发放一般涉及一年；买进一台设备，可以使用10年，那么折旧费就牵涉10年；买进一项专利权，有效期50年，那么专利费的摊销期涉及的就是50年。也就是说，在会计工作时随时会遇到时间上的长短不一，我们以多长时间来登记相关金额并进行收入及成本的核算呢？麻烦的是，我们并不能判断这个会计主体到底可以存在多少年。百年老店可存活很长时间，而一些企业可能几年就玩完。一个会计主体除非有明确的破产清算的迹象，否则我们不能判断其无以为继。所以，为了解决会计核算上的时间问题，干脆我们给一个持续经营假设，意味着在没有明显的反证情况下，企业可以无限期地经营下去，这样无论我们在会计核算上需要什么样的时间段，总是在这个“无限期”范围内，于是在这样的超高弹性时间范围内，会计的一些工作就可以顺利开展下去了。有了持续经营的假设才能对资产按历史成本计价，折旧费用的分期提取才能正常进行，否则资产的评估、费用在受益期的分配、负债按期偿还，以及所有者权益和经营成果将无法确认。

可能导致不能持续经营的情况有如下几种。

（一）财务方面

（1）债务违约，包括无法偿还到期债务、无法偿还即将到期且难以展期的借款以及存在大额的逾期未缴税金。被审计单位若存在上述违约情况，将可能导致债权人的债务清偿诉讼或国家税务机关的强制追缴措施。在此情况下，如果被审计单位无法偿还，有可能导致破产倒闭。

（2）无法继续履行重大借款合同中的有关条款。为了保证贷款的安全，银行往往在借款合同中订有诸如流动资金保持量、资本支出的限制等条款。一旦被审计单位无法履行这些条款，银行为保全其债权，就有可能要求被审计单位提前偿还借款，从而导致被审计单位的资金周转出现困难。

（3）累计经营性亏损数额巨大。经营性亏损可能是由于被审计单位经营管理不善引起的，也可能是行业整体不景气造成的。巨额亏损意味着被审计单位丧失盈利能力，并导致其持续经营能力存在着重大的不确定性。

（4）过度依赖短期借款筹资。在这种情况下，被审计单位长期面临巨大的短期偿债压力，如果无法及时偿还到期债务，将陷入财务困境。

（5）无法获得供应商的正常商业信用。被审计单位无法获得供应商正常商业信用，这意味着无法通过赊购取得生产经营所必需的原材料或其他物资，现金偿付压力巨大。一旦被审计单位资金短缺，生产经营就有可能中断。

（6）难以获得开发必要新产品或进行必要投资所需资金。被审计单位无法获得必需的资金，则没有能力在盈利前景良好的项目上进行投资并获取未来收益。当现有产品失去市场竞争力时，将直接影响到被审计单位的盈利能力，从而对被审计单位的持续经营能力产生重大影响。

（7）资不抵债。资不抵债有可能使被审计单位在近期内无法偿还到期债务，从而引发债务危机。

（8）营运资金出现负数。如果被审计单位的营运资金以及经营活动产生的现金流量净额出现负数，这表明被审计单位的现金流量可能不能有效维持正常的生产经营，从而影响被审计单位的盈利能力和偿债能力，降低其在市场竞争中的信用等级，最终可能因资金周转困难而导致破产。

（9）大股东长期占用巨额资金。如果大股东占用上市公司巨额资金，上市公司将无力实施能够为公司带来业绩增长的项目，从而使公司盈利能力下降甚至难以维持正常生产经营。

（10）重要子公司无法持续经营且未进行处理。重要子公司通常是母公司的主要业绩来源，对母公司具有重要影响和贡献。重要子公司无法持续经营，这不仅使母公司对其长期股权投资无法收回，而且可能导致母公司的持续经营能力存在重大不确定性。

（11）存在大量长期未作处理的不良资产。如果被审计单位存在大量长期未作处理的不良资产，这表明被审计单位资产质量恶化，资产变现能力差，可用于偿债的资产变现净值大幅减少。

（12）存在因对外巨额担保等或有事项引发的或有负债。如果被审计单位存在巨额对外担保，这意味着被审计单位可能面临重大的债务清偿连带责任或其他偿付责任。一旦这些或有负债转化为实际损失，可能导致被审计单位的持续经营能力存在重大的不确定性。

（二）经营方面

（1）关键管理人员离职且无人替代。通常，关键管理人员负责管理企业的日常经营活动，在被审计单位中起着重要作用。如果关键管理人员离职且无人替代，则会对被审计单位的经营活动产生重大不利影响，从而使持续经营能力存在重大的不确定性。

（2）主导产品不符合国家产业政策。主导产品不符合国家产业政策，意味着被审计单位将停产或转产。例如，某农药生产企业的主导产品为高毒农药，根据国家禁止、限制部分高毒农药品种生产和销售的产业政策，企业将面临被强制淘汰的政策风险，从而导致持续经营能力存在重大不确定性。

（3）失去主要市场、特许权或主要供应商。如果被审计单位失去主要市场、特许权或主要供应商，表明其在销售、经营和采购方面将面临极大困境，从而影响其持续经营能力。

（4）人力资源或重要原材料短缺。一些企业的生产经营高度依赖于科技研发人员、技术熟练工人、重要原材料等，如软件开发公司从事软件设计的关键人员。如果企业缺乏这些对持续经营具有决定性影响的资源，将可能无法持续经营。

此外，越来越多的企业通过并购来达到快速扩张、提高利润的目的。如果管理层的经营管理方式与规模的快速扩张不相适应，或是对并购企业缺乏管理经验，未实施有效的监控，这很可能使公司整体管理陷入瘫痪，从而导致企业持续经营能力存在重大不确定性。

（三）其他方面

（1）严重违反有关法律法规或政策。被审计单位在生产经营过程中如果严重违反有关法律法规或政策，则有可能被有关部门撤销或责令关闭，或被处以较大数额的罚款，这将导致被审计单位无法持续经营或对其持续经营能力产生重大影响。

（2）异常原因导致停工、停产。有些企业由于其生产特性，在生产周期的一段时间内出现停工、停产是正常的。例如，北方某些乳品加工企业因没有足够的鲜奶可供加工生产乳制品，于每年十月到次年四月停产。但如果企业因其生产卫生条件达不到国家要求，细菌含量超出国家标准数倍，被有关部门责令停产整改，则属于异常原因导致的停工、停产。因异常原因导致的停工、停产，可能影响其持续经营。

（3）有关法律法规或政策的变化可能造成重大不利影响。例如，被审计单位的利润和现金流量主要来自于对境外子公司的投资而分得的红利。如果子公司所在国家加强了外汇管制，被审计单位能否收到红利存在重大不确定性，可能影响其持续经营。

（4）经营期限即将到期且无意继续经营。在被审计单位营业期限届满后，如果股东不准备继续经营，被审计单位将被清算从而无法持续经营。

（5）投资者未履行协议、合同、章程规定的义务，并有可能造成重大不利影响。例如，因外方股东未能按章程规定的期限出资，工商行政管理部门拟撤销对该外商投资企业的批准证书，这将导致其无法持续经营。

（6）因自然灾害、战争等不可抗力因素遭受严重损失。不可抗力因素超出了企业可控制和预测的范围，如战争、恐怖活动等，企业可能因此无法提供必要的产品和服务，从而导致无法持续经营。

此外，企业股东之间产生纠纷、股权转让频繁等情形，可能意味着企业的经营业绩达不到股东的预期，从而导致股东对企业失去信心。在此情况下，企业有可能被清算，持续经营能力存在重大不确定性。

三、会计分期假设

会计分期假设是将企业持续不断的生产经营活动人为地分割成会计期间，分期核算经济活动和报告经营成果。这是由于与企业有经济利害关系的集团和个人需要及时了解企业的财务状况和经营成果，需要企业定期提供会计信息作为其决策的依据。会计期间通常是一年，称为会计年度。每一会计年度还具体划分为季度、月份。年度、季度和月份的起讫日期采用公历日期。会计分期假设奠定了权责发生制原则的理论基础。

会计分期假设和持续经营假设高度相关。会计分期假设是持续经营假设的一个必要的补充，二者不可分离。只有设定一个会计主体能够持续经营下去，才有必要和有可能进行会计分期。会计分期依赖于持续经营，持续经营需要进行会计分期。会计分期的目的是，将持续经营的生产活动时间划分成连续、相等的期间，据以结算盈亏，按期编报财务会计报告，从而及时向各方面提供有关企业财务状况、经营成果和现金流量的信息。

明确会计分期基本前提对会计核算有着重要影响：由于会计分期才产生了当期与其他期间的差别，从而出现权责发生制和收付实现制的区别，才使不同类型的会计主体有了记账的基准，进而出现了应收、应付、递延、预提、待摊等会计处理方法。

目前，会计分期一般是以一年为一个标准的会计期间。一年的起止点有两种：一是按日历，1 月 1 日到 12 月 31 日，这种称为日历年制。另一种是企业按自己经营活动的周期来确定，比如以经营活动的低潮期作为结束点，这种方式称为营业年制。美国及欧洲的一些跨国公司就把 4 月 1 日作为一个会计年度的起点，简称 4 月制。还有些国家采用 7 月制，比如沙特阿拉伯。

无论日历年制还是营业年制，只是会计年度的起止点不同，但长度是一样的，其中分为 12 个月、4 个季度、2 个半年，因此有年报、半年报、季报和月报的说法。其中，后面三种报表统称为中期报告。

有些人认为，持续经营假设应该并入会计分期假设，理由如下：

一方面，持续经营假设并入会计分期假设不会对以往的会计处理方法产生影响。基于持续经营假设，会计主体采用历史成本而非清算成本来确认计量各项资产要素，所有资产也将按预定的目标在正常的生产经营过程中被耗用出售，它所承担的债务也将如期偿还，企业提供的财务报表也就被看作是一系列连续报告的组成部分。实际上，建立在会计期间假设基础上，上述会计处理方法也未尝不可，并且是现实的选择。会计期间不只包含了“本期”的含义，还有“下期”“以后各期”的含义。最具说服力的是，以前所称资产在持续经营假设基础上摊销，实际上却是以会计期间为基础。如某固定资产折旧年限为 15 年，它并不是以企业持续经营 15 年为基础，而是以最近 15 个会计期间为基础。

另一方面，从历史的角度来看，会计分期本来就早于持续经营假设，持续经营的出现只不过导致了会计分期的缩短和定期化，如虚拟企业的出现使持续经营不再存在，而对会计分期的回归运用仍然可行。而且，在信息技术时代，企业面临着日益激烈的竞争，风险日益增大，随时可能被清算和终止，故而关注每一会计期间同样是必要和明智的。因此，如果绝大多数会计期间按既定目标发展，可以认为持续经营是合情合理的；如果多数会计期间业绩不佳，企业的持续经营是难以成立的。与其由不确定的持续经营推导出会计期间，不如由可以确定的会计期间演绎出持续经营。

四、货币计量假设

马克思的《政治经济学》中有一句话：货币天生不是金银，金银天生是货币。套用这句话的句式，会计的计量单位选择货币可以这样说：会计计量标准天生不是货币，货币天生是会计计量标准。

这是什么意思呢？就是说一开始，会计的计量标准并不是货币，可以是实物单位，比如斤两、一筐、一件等等；就好比货币一开始是贝壳、石头、食物等；但发展到一定时期，出于统一计量和对比的要求，会计的计量标准就选择了货币单位。这样一来，所有的经济业务都可以用货币来度量，方便了记录、汇总、报送和比较。

不过，货币计量包含了另一个假设：币值稳定。会计信息采用货币计量和报送，对信息使用者而言，货币计量的资产价值应该是一致的。如果前后会计期间的货币币值变化较大，就不能客观地反映企业的价值变动，会对信息使用者的决策造成误导。

举例如下：

某企业 1 月份库存商品价值 2 000 元，当时市价 3 000 元；一个月后，通货膨胀达到 100%，原有的库存商品目前市价 6 000 元。企业将库存商品卖掉，于是得到利润：6 000−2 000=4 000（元）。

请问，这样的利润计算是正确的吗？会带来什么样的信息误导？

历史上通货膨胀的例子不在少数，近年来最有意思的就是非洲津巴布韦，其通货膨胀率曾高达 1 000 倍，发行的钞票是 10 亿面值的。于是，那里的人民人人都是亿万富翁，上个厕所都需要带几千万甚至上亿元的钱。后来，政府觉得这样不行，就直接将钞票上的 0 去掉了 9 个；于是很多人收集津巴布韦的 10 亿元面值钞票作为收藏，估计这是目前世界上绝无仅有的大面值钞票了。

中国历史上也有类似的情况。在抗日战争胜利后，国民党统治区域曾经有一段时间发生过较大的通货膨胀事件。所有的人拿到钱之后第一时间就是买东西，否则一天过后钱的价值就极大贬值；比如一个月前普通员工的收入还可以买一头牛，一个月后就只能买一盒火柴了。

以上的例子用于说明货币计量中存在的问题。如果币值不能保持相对稳定，会计信息的可比性和可靠性就会受到极大的影响。如果信息使用者通过会计信息得出错误的判读，就会对会计整体工作发生质疑，转而采用其他渠道获取信息。

会计上为了解决币值变动所带来的信息不可靠的问题，产生了一种通货膨胀会计。也就是当通货膨胀达到一定程度时，将会计的数据按通货膨胀率进行调整，力求会计的计量标准不受币值变动的负面影响。

在我国，采用人民币作为记账本位币。如果企业有频繁的外贸活动需要用到外币时，那么可以在日常记账时采用外币，期末编制报表时再折算为人民币。

五、权责发生制假设

（一）小测试

表 2—1 至表 2—4 是 A 和 B 两个企业的会计报表。

表 2—1　A 企业利润表　　单位：元

项目	金额
收入	500 000
销售成本	300 000
费用	100 000
利润	100 000

表 2—2　A 企业现金流量表　　单位：元

项目	金额
收到的经营活动现金流入量	200 000
支付的经营活动现金流出量	400 000
现金净流量	−200 000
期末现金及现金等价物净变动额	−200 000

表 2—3　B 企业利润表　　单位：元

项目	金额
收入	400 000
销售成本	250 000

续表2-3

项目	金额
费用	100 000
利润	50 000

表 2-4　B 企业现金流量表　　单位：元

项目	金额
收到的经营活动现金流入量	400 000
支付的经营活动现金流出量	350 000
现金净流量	50 000
期末现金及现金等价物净变动额	50 000

要求：请分析评价 A 企业和 B 企业的经营情况及财务状况。如果你要投资其中一家企业，选哪一家？为什么？

这个小测试实际上体现了权责发生制和现金收付制的区别。请注意，利润表是用权责发生制计算出来的，而现金流量表自然是用现金收付制计算出来的。大家可以看出二者的区别。

（二）权责发生制和现金收付制

权责发生制又叫应收应付制或简称应计制，现金收付制又名实收实付制或简称现金制。之所以会产生这样的两种制度，主要是为了解决会计分期所带来的利润、收入、费用的确认入账的时间及配比问题。

基于持续经营假设和会计分期假设，会计报送的信息也要分期进行，并且强调收入和费用在期间上的对应性，即配比性。但是很多时候，产生会计收入和费用的经济活动并不一定是在一个会计期间就会完成的，很多时候会跨期进行。通常而言，收入最终会带来现金流量的流入，费用最终会带来现金流量的流出。但由于分期假设的存在，再加上经济活动所产生的收入和费用常常无法在一个会计期间结束。也就是说，一项经济活动开始是在一个期间，结束是在另一个期间。而且，费用和收入的产生，常常并不能同时带来现金的流动，与收入和费用相关的现金流入和流出经常是提前或推后。这样一来，涉及的问题就是，跨期才完成的收入、费用到底在哪一期间入账。在现实生活中，我们也会遇到这样的问题。比如说，我们通常用的水电，发生消耗在本月份的，本月受益的，要等到下一个月才支付账单，才将这笔费用彻底结清。那么这样的一笔水电费，从分期记账的角度看，究竟应该记载在哪一个月份呢？

从企业角度，举一个简单的例子：企业 1 月份卖出产品一批，价值 20 000 元，货已发出，钱还没有收到；一直到 5 月份才收到对方的货款，才产生了现金的流入。那么，20 000 元的收入应该计入 1 月份还是计入 5 月份呢？

要知道，收入和费用入账日期不同，会影响到不同期间的利润、所得税等一系列财务结果，这样的信息报送出去，就会影响到信息使用者的决策。

所以，会计上为了解决这个问题，规定了权责发生制和现金收付制两种记账制度，用以区分费用和收入记账的日期。

在上述的两个例子中，如果运用权责发生制，水电费应记在发生的当月，企业的这笔收入应该计入1月份；其遵循的基本原则就是谁受益，谁承担；或者只看收入或费用发生的时间，不看涉及的现金流动的具体时间。

在现金收付制下，水电费应记入实际支付的那个月，而企业的这笔收入则应计入5月份；其遵循的原则是何时收到或支付现金，何时确认为收入或支出；也就是说只看现金的流动情况，不考虑发生的其他情况。

收入和费用确认完毕，利用这两个要素就可以计算当期的利润，从而向信息使用者提供企业在某一期间的盈利能力的相关信息。但持续经营的企业由于费用和收入的发生时间常常和现金流动的时间不一致，导致权责发生制和现金收付制下确认的收入、费用和利润通常就会有很大的区别。

目前，世界上的大多数企业，包括我国的企业都采用权责发生制计算收入、费用和利润。因为权责发生制比较符合配比原则，遵循"谁受益，谁承担"的原则，从归属上看更合理一些。

但权责发生制相对于现金收付制是比较隐晦的，弹性也很大。它有点像水中花、镜中月，看似有，实际却抓不住。

权责发生制最大的问题在于极具创造性和可操控性。在此条件下给出的利润就像小孩子，任人打扮。会计学上专门给了个很雅的名词"窗饰"，也就是说会计利润可以像商店橱窗里的摆设一样，打扮得很好看，用于吸引客户。权责发生制下的利润具有同等功效。

权责发生制是会计创造出来的"皇帝的新衣"，它的功用就是让大家相信企业是有"利润"的，是赚钱的。但这样的账面"利润"有什么意义呢？很多账面利润很高的企业不照样倒闭了吗？这个"利润"确实很糊弄人。权责发生制制造出来的"利润"深受诟病。这样的利润深深地误导了投资者，导致投资者的大量损失。

总之，会计采用权责发生制进行利润计算，这样的利润是具有极大弹性的，和企业实际的现金流量及财务状况没有直接联系。如果想要获得最真实的财务状况和现金流量信息，不要看利润表，看现金流量表即可。

在权责发生制下，为配合收入和费用的记录，专门有一些相应的账户设置，比如记录发生的还没收到款的"应收账款"，收了货还没支付款的"应付账款"，记录发生的费用如"待摊费用""预提费用"等账户。关于这些账户的具体使用和应注意的事项，以及因为权责发生制需要在期末做的调整事项，我们将在下面的章节中详细介绍。

（三）权责发生制练习题

1. 某企业某月发生如下经济业务，试分别用权责发生制和现金收付制计算该月企业的收入、费用以及利润。

（1）以银行存款支付全年的财产保险费12 000元（按月平摊）。

(2) 销售产品一批总计 20 000 元，货款尚未收到。

(3) 预收下月销售定金 15 000 元存入银行。

(4) 以现金支付本月水电费 2 000 元。

(5) 销售产品一批收到款项 15 000 元存入银行。

(6) 预提本月的借款利息 500 元。

(7) 摊销本月的报纸杂志费 100 元。

(8) 购买一台设备，以银行存款支付 100 000 元，设备还未投入使用。

(9) 以银行存款支付当月工资 12 000 元。

(10) 支付股东现金股利 10 000 元。

2. 长城公司是一家位于美国、专门帮助中国留学生处理赴美留学相关事宜的中国公司。该公司从中国政府那里获取相关收入，有时是先收钱后提供服务，有时是先提供服务后收钱。今年 8 月，与往年一样是一个忙碌的月份，该公司的账簿记录如下所示：

	7 月 31	8 月 31
应收账款	＄1 900	＄2 500
预收账款	＄1 200	＄300

8 月份，长城公司从政府那里收到了 7 000 美元的现金。那么，请问在权责发生制下，该公司 8 月份的收入应该是多少？请详细列出你的解题步骤。

3. 老李开了一家销售商品的批发公司，由于他没有经过专业的会计训练，只保留了现金收入和支出的记录，手中还保留了一叠应该支付的账单和客户欠款的单据。为了扩大经营，老李现在准备向银行贷款，银行需要他提供公司利润信息。老李求助于你，希望你能帮助他完成利润的计算。以下是该公司的全部记录：

现金收到：

(1) 老李投入资本金：￥150 000

(2) 销售商品收到现金：￥333 150

现金支出：

房租：￥7 680　保险费：￥2 880　商品采购：￥265 920　水电费：￥11 200

工资：￥86 300　固定资产：￥40 800　广告费：￥1 010　办公用品：￥1 850

其他杂费：￥4 320　老李从企业提款供个人使用：￥10 000

截至现在，客户共欠款￥25 400，老李未支付的购买商品账款￥18 640，其他数据有：

(1) 办公用品余额价值：￥915

(2) 库存商品余额价值：￥69 430

(3) 未摊销的房租费：￥3 840

(4) 未摊销的保险费：￥1 440

(5) 折旧费：￥4 300

(6) 未支付的工资：￥2 160

要求：按权责发生制计算该公司的利润。

4. 小王继承了一家洗衣店，作为老板，他的会计知识少得可怜。他认为如果现金增加了经营就没有问题。因此，当他看到现金余额从接管时的 2 630 元增加到 7 455 元时，十分高兴。并且，在这期间，他还提取了 16 500 元用于个人消费。他认为利润应该是 7 455−2 630+16 500=21 325（元）。但当他看到会计提供的利润表（表 2−5）时，非常吃惊。

表 2−5 利润表

收入	51 690
费用：工资	28 450
材料费	840
保险费	960
折旧费	5 100
税金	825
合计	36 175
利润	15 515

他请你帮忙解释。经查账，你发现应付工资的年初余额为 145 元，年末增加到 385 元，材料的年末余额比年初下降了 160 元，预付的保险费也下降了 310 元。除了这些账户的变动外，还有现金和累计折旧的变动。此外，企业的其他资产和负债账户余额没有发生变动。请根据这些资料解释现金的增加。

第五节 会计基本原则——会计的质量标准

会计师就好比是厨师，将原材料加工成成品，交给顾客。原材料的质地、加工的过程、厨师的技术、工具的好坏都会影响到成品的质量，也就是会计信息的质量。

怎样评判信息的质量呢？类似评价菜品的质量标准"色、香、味、形"，会计也有自己的一套评价标准，这些评价会计质量的标准统称为会计基本原则。

一、客观性

客观性的主要意义就是真实性，强调会计信息一定是基于真实可靠的数据加工而来的，不能无中生有，任意编造。现在一些企业做假账，不尊重客观性原则，把会计数据当作面团，随便揉捏，想给出什么结果就是什么结果，对投资人、债权人严重不负责任。不过俗话说得好：出来混，迟早是要还的；谎言重复千遍还是谎言。所谓"魔高一尺，道高一丈”，上市公司的造假信息迟早是会暴露的，尤其是在监管越来越严厉的情况下。若干上市公司的真实案例，极好地说明了这个问题，比如美国的安然公司、中国的杭萧钢构等。

我们将客观性放在会计质量标准的第一位，就是想突出这条准则的重要性。如果会计信息连真实性都无法满足，那么随后的原则、准则、标准遵循得再好，也于事无补，没有任何意义。所以，我们强调：客观性是会计信息质量标准的底线，是基石。

二、相关性

相关性也叫有用性，强调会计信息的提供要符合信息使用者的要求，要能够帮助他们解决有关决策的问题，不能南辕北辙，提供无关的信息。

关于相关性，应该这样理解：顾客需要鱼，不能给他上盘猪肉；他需要的鱼是蒸的，不能给他煮的。所以，会计信息的提供尽可能像自助餐一样，提供丰富的内容供客户自己选择，信息使用者可以在丰富的信息中找寻自己感兴趣的信息，还可以进行必要的再加工。这样就免去了直接针对各种信息使用者提供相应的信息所带来的复杂性和巨大的成本开支。

三、可比性

会计信息是连续的信息，只有一期的静态信息是远远不够的。就好比我们想要知道小孩子的生长发育正不正常，仅看一个时期的数据是不行的，要进行连续的观察，还要和同龄的小朋友进行对比，才可以得出比较客观的结论。就会计信息的使用而言，信息的可比性包括：与不同时期的比较，即纵向比较；与不同企业信息的比较，即横向比较；与企业预算的比较，即计划和实际的比较等。为了满足以上的信息可比，会计的信息提供就要有统一的标准和口径。这也是为什么会计准则的制定和实施需要政府部门的介入以及民间职业团体的支持。就好比当年秦始皇统一度量衡，带来了经济的发展和交流一样，会计信息作为经济交流的重要工具，如果没有统一的规范，这样的交流是无法进行的。

当然，目前会计信息的可比性在一个国家或地区内是可行的，因为规则一致。但在世界范围内，目前还没有达到完全统一的结果。目前各职业团体和一些政府机构正在致力于全球统一的会计和审计标准，希望能达到全球会计信息的统一。

四、重要性

面临越来越多的利益相关者和复杂的信息需求，会计信息也越来越丰富。但信息的筛选使用是有成本的，也需要花费大量的时间。为了避免在大量的信息面前疏漏掉重要的内容，会计需要有重点地报送相关信息。这种重要性既包括金额上的重要性，也包括交易或事项本身性质的重要性。所以，会计信息并不是一股脑地将所有的信息全部报送出来，而是有筛选的。比如，货币资金项目，也就是企业现有的钱，会计报表就只会给个总数，而不是将库存现金有多少、银行存款有多少等一一列示。就像我们清理自己的钱包，把所有的纸币和硬币清点一遍，知道自己有多少钱就行了，并不需要记住纸币有几张、硬币有多少，因为这样的信息是无关大局的，没有太多价值。

事实上，过多的信息反而会损坏信息的质量和使用价值。大量的无用信息会掩盖有用信息，造成"信息噪音"，导致信息使用者选取、筛选、分析的成本大幅增高。所以，信息并不是越多越好。就重要的信息进行提供，是会计质量的一个重要标准。

不过，重要性的判断常常是主观的。对于某类使用者而言是重要的信息，对其他使用者来说未必重要。比如，企业正在进行中的诉讼案件，可能对股东和债权人来说是很重要的，但对政府部门或者一般员工而言就没有那么重要了。

五、明晰性

明晰性是指会计的这门语言，在交流时一定要注意受众的接受程度，不要过于晦涩难懂，而是要尽可能地简单、清楚。

按照奥姆剃刀原理，切勿浪费较多东西去做用较少的东西同样可以做好的事情，即"如无必要，勿增实体"。更简单的表达是：让事情保持简单。

通常会计信息的使用者并不是会计专家，所以如果会计信息的提供过于专业化，信息使用者将很难使用或使用不当。

会计也有很多专业术语和方法，但在对外报送信息时应该尽量通俗、简洁。即便是非会计人员或财务专家，也能读得清楚明白，不至于产生歧义。

有人认为，会计应该像医生一样保持职业的神秘感，事实上会计这样做是得不偿失的。如果信息使用者不能从会计系统得到有效信息，他们会转向其他途径获取信息。这样一来，会计本身的作用就会降低，不利于会计自身的发展。此外，会计信息的使用者包括很多机构投资者、政府部门，他们有极大的影响力，会促使会计的信息必须要能够清楚地被解读。如果会计不能满足这些使用者的要求，就会面临指责，并被改革。

不过，会计仍然需要有它的专业性，也需要保持它的专业性，否则，就不称其为一门专门的技术。会计毕竟不可能像通俗小说一样人人皆宜，是具有一定技术含量的。在对外报送的会计信息里，仍然会有专业的词汇和需要一定会计知识才能理解的内容。

有些公司就利用会计的专业性，在运用会计报表对外进行信息交流时，故意偷梁换柱，混淆视听。比如，安然公司实际上有大量负债，如果这些负债在正常的资产负债表里披露，会造成资产负债率大幅上升，公司风险剧增，投资人自然会做空该公司；为了回避这种高额负债，安然公司将这样的负债以 SPE（特殊目的实体）的方式在会计报告附注中披露，而且夹杂在大量的其他信息中，字体也非常小，一般人都不会注意到。所以，一家高负债公司的价值被极大地高估了，太多的投资者被忽悠，从而损失惨重。

会计确实是一门"数字与语言"相结合的艺术，只是看各个企业怎样运用这门艺术。用得好，可以为企业添分加彩，用得不好，只会带来负面影响。这就像曾国藩与太平天国战斗早期，总是吃败仗。他上书皇帝，说"屡战屡败"，但有一谋士改成了"屡败屡战"，意义就完全不同了。会计可以在一定的范围内进行适当的艺术加工，但前提是不能违背法律法规。

六、及时性

会计信息本质上是一种经济信息，具有时效性，所以，会计信息的提供应该响应决策需要及时提供，一旦滞后，可能带来投资者的损失。

一般国家都会对企业的会计报告提出时间要求。在我国，上市公司的年报披露时间不得晚于4月30日，否则会遭到停牌处罚。这一方面是要保护投资者利益，另一方面是要监督信息提供者的行为，督促他们及时提供相关信息。如果有企业未能按时提供报表，其实也就传递出一种负面信息：要么是报表通不过审计，要么是管理混乱，无法及时编制好报表。无论是哪一方面的情况，都可以说明企业存在问题。

就目前情况而言，会计信息的及时性是一种很具有操作性和判断性的标准，容易被投资者理解和接受。

七、谨慎性

小故事：

一家企业预计当年效益不好，可能年终奖金会受影响。员工们的小道消息到处传播，人心浮动。怎么办呢？一位经理想出来一个办法：先散布一个消息——企业效益不好，大家要同甘共苦，今年的年终奖从上到下都没有。这个消息一开始流传，每个员工都非常沮丧。紧接着就在大家绝望的时候，突然董事会正式宣布：虽然企业效益不够好，但为鼓励士气，今年的年终奖仍然会发放。最后，年终奖发了，虽然比预计的少了，但员工们都十分满意。

这个故事体现了管理上的智慧，也可以解释什么是“谨慎”，尽可能先公布坏消息，再公布好消息。也就是先做坏的打算，再往好的方面努力。

2002年诺贝尔经济学奖授予了行为经济学和实验经济学的先驱者——美国普林斯顿大学的丹尼尔·卡尼曼和美国乔治·梅森大学的弗农·史密斯，他们的突出贡献就在于全面阐述了“预期理论”。通过经济学上的实证研究表明，人们具有厌恶损失的心理。实证经济学家们做过这样的实验：给实验者100元钱，然后又找理由收回去；承诺给实验者100元钱，但最后没有给。两个测验，结果一致，但实验者面对两种情况的心理感受并不一样。第一个实验的痛苦程度高于第二个。这说明人类对于既得利益损失的厌恶更强烈。预期理论的原则就是先给出坏的预期，人们会在实际出现坏的情况时容易接受；如果预期比较高，实际没有那么好，人们的痛苦程度就会高些。

会计上的谨慎性又叫稳健主义，或称保守主义。简单说就是尽量高估负债、损失，尽量低估收入和利益。这样的处理实际上是可以迎合上述实证经济研究的结论的。在会计谨慎性的原则下，人类的心理预期就没有那么高，面对最后的结果反而能坦然接受。先苦后甜实际上优于先甜后苦。会计的谨慎性原则就是让信息使用者先看到不好的信息，有了一个心理预期，最后的结果无论怎样，都不会再差，也就不会对投资者信心造成打击；而如果结果比预期好，投资者就会得到超过预期的满足。如果一开始就按最高的利润、业绩来做，后面一旦出现不好的情况，就无法弥补了。

俗话说：晴带雨伞，饱带饥粮，这是谨慎原则在生活中的体现。会计的谨慎性具体有下列表现：计提减值准备，收入确认遵循就低不就高的原则，等等。这样一来，会计报表提供的信息就比较稳健，企业在后续期间也就有更大的回旋余地。

通常，会计人员最容易和谨慎性挂上钩。在很多人的眼里，会计人员就是一副谨小慎微的样子，会计就是胆小的代名词。在很多文学作品中，账房先生就是一副拘谨、不苟言笑的模样。不管怎样，会计的职业特点容易给人这样的感觉。

不过，谨慎性原则是不能滥用的，特别是一些企业出于一些别有用心的目的时。过度的谨慎对企业并不总是有益。所谓"过犹不及"，这个度要把握好。

八、实质重于形式

实质是指经济或会计实质，形式是指法律形式。简单地说，就是当法律形式和经济实质不一致时，以经济实质为准，在会计上进行核算和记录。

其实这是一个内容和形式的问题。当内容和形式完美结合时，是最好的；但如果形式和内容不统一，应当以内容为准而非形式。

小故事：

一位教授给同学们讲授有关形式和内容的问题时，同学们一直讨论形式和内容究竟谁更重要些，众说纷纭，谁也无法说服对方。教授就请同学们到自己家里来做客，继续讨论。同学们到了教授的家里，教授端出两个盘子：一盘装了些削成片的苹果，另一盘装了一个雕刻成精美形状的白萝卜。教授并没有谈论形式和内容的问题，而是和同学们谈论其他事情。在交流过程中，同学们吃掉了苹果。最后，当有同学想起今天的主题时，教授笑着说：请看看，两个盘子，剩下的是哪一个。同学们看看剩下的萝卜，恍然大悟。聪明的教授不用语言，让同学们深刻地领悟到形式和内容不统一时，谁更重要。

同样的道理，会计上的实质，即内容应该是优于形式的。也就是说，会计的确认和计量始终是以会计实质为准的。

举一个简单的例子，A公司持有B公司30%的股权，从法律上讲，拥有51%的股权才会是绝对控股。所以形式上A公司不是绝对大股东，没有控制权；但研究它的经济实质，我们发现，B公司的股权相对分散，A公司即便是只拥有30%的股权，也是唯一大股东，具有对B公司绝对的控制权。所以，在会计上，A公司就应该编制对B公司的合并会计报表。

再举一个例子，企业经常用租赁融资方式进行固定资产的购买，从法律形式上讲，在最后一笔融资贷款没有还完之前，资产的所有权还没有转移到企业，资产就不是企业的。但从经济实质上看，企业最终的目的是持有该资产，所以，会计上就按照自有资产进行记账和计提折旧、进行维修等。

这一点和我们按揭买房买车的道理一样，从理论上或法律上来看，在最后一笔按揭款没有还完之前，房子或车子的所有权是没有转移到自己手里的，但这并不妨碍我们把按揭买的房子和车子当作自有资产。

九、历史成本计价

历史成本计价意味着当企业取得资产和服务时，应该以实际发生的成本记账，也就是真实发生的有原始凭证的那个价格。即便是卖家觉得价格低了，买家觉得价格高了，都不影响会计记账的金额。这一记账金额，就是已经发生的、既成事实的资产的取得成本，因为是过去时，所以被称为历史成本。

比如，你打算购买一台设备，卖方报价 50 000 元，你还价 40 000 元，市面上类似的机器一般价格是 45 000 元；最后你和卖家谈妥，以 44 000 元的价格成交。那么，在会计账户上，这台设备应记录的金额就是 44 000 元，而非其他。不管你买来这台机器设备第二天价格是涨是跌，都不影响你账面记录这台资产的历史成本。

当然，历史成本可能无法反映资产的现实价值，这样会影响信息的有用性。比如，企业购买的股票，其价格变动就非常之大。当初的买价，即历史成本可能就与期末的实际价格相差较远。为了协调这一点，在期末时，会计可以根据实际情况进行必要的信息补充。这样的信息补充一般以在某项资产下方减掉该资产预估贬值的部分，得出一个符合现值的金额。这样一来，资产的历史成本、现行价值、估计的贬值金额都可在报表上表现出来，给信息使用者提供了全面的相关信息，以方便他们决策。

不过，一般而言，按照谨慎性原则要求，资产的价值补充信息，只会预估其贬值金额并在报表中表现出来，并不会预估其增值金额。

十、小结

会计的基本质量标准是规范会计的基本原则，审计也是按此标准进行检查。判断会计信息的质量，就要依据上述标准。国外认为，好的会计信息应该满足以下要求：有目的性、相关性、及时、明晰、可理解、准确、完备但不过量、采用恰当的方式传递给恰当的对象、可靠、价值超过成本。国外的质量标准更细致、要求更多一些；国内的要求相对比较简练，将国外的一些标准合并而成，但国内的质量标准所包含的内容并未减少。

第六节　会计对象和会计要素

一、会计对象

会计对象一般是指会计核算对象，就是会计工作的对象，简单地说，就是会计加工处理的东西。从大方面说，会计核算的对象就是会计主体经济活动的价值表现，企业的经济活动包括三类：经营活动、投资活动、筹资活动。这些活动会产生价值运动，会计核算就是对这些价值运动做出忠实的记录。

在做记录时，由于会计主体的活动千变万化，涉及的价值运动类型很多，会计在记录时，首先需要科学分类，以便管理，所以会计也是一门分类的科学。

会计核算对象的分类是依据信息使用者的信息需求进行的。对一个会计主体的信息需求主要表现在三方面：一是财务状况，二是盈利能力，三是现金流量。这三种信息基本上可以满足信息使用者的基本要求，于是会计上就设计出三张会计报表进行相关信息的报送（如图 2－2 所示）。日常的会计核算，也就围绕这三张报表中的明细分类进行。

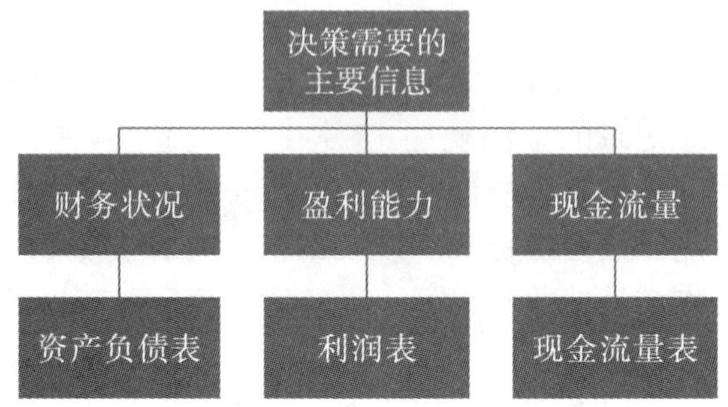

图 2－2 决策信息对应的会计报表示意图

反映企业财务状况的是资产负债表，其具体可以反映出在某一时点企业的资产、负债和所有者权益的情况。

反映企业盈利能力的报表是利润表，其具体反映在某一时间段企业的收入、费用和利润情况。

现金流量表反映的是在某一段期间企业现金的流入量、流出量和净流量。

二、会计要素

根据会计报表提供的主要信息的类别，在我国，会计核算对象具体分为资产、负债、所有者权益、收入、费用、利润六大类（国外有些会把现金流量的三个要素算进去，即现金流出量、现金流入量和现金净流量），会计就是按这样的分类进行核算的。我们给这样的会计分类取了个专业名字：会计要素。所以，会计要素就是会计核算对象的分类。六大会计要素是会计对象的一级分类，这个分类在具体的核算中还是太粗了，因此需要继续细分，分出二级类别和三级分类。一般三级分类就是实际工作中具体可用于会计数据记录、加工的对象。会计要素分类如表 2－6 所示。

表 2－6 会计要素分类表

会计要素（一级分类）	二级分类	三级分类
资产	流动资产	库存现金、银行存款、应收账款、其他应收款、交易性金融资产、存货等
	非流动资产（长期资产）	长期投资、固定资产、在建工程、无形资产、生物资产、长期待摊费用等

续表2－6

会计要素（一级分类）	二级分类	三级分类
负债	流动负债	短期借款、应付票据、应付账款、预收账款、应付职工薪酬、应付利息等
	非流动（长期负债）	长期借款、应付债券等
所有者权益		实收资本、资本公积、盈余公积、未分配利润
收入（损益）		主营业务收入、其他业务收入、投资收益、营业外收入等
费用（成本）		主营业务成本、其他业务支出、营业税金及附加、销售费用、管理费用、财务费用等
利润		归入损益类

当经济业务发生时，会计在具体的分类项目下记账，期末汇总核算，总括的数据就会出现在会计报表上。因此，会计信息有分类的、有序时的、有明细的，也有总括的。会计发展到现在，已经形成了一个严密的逻辑流程和方式，可以提供全方位、各个层次和方面的信息。这是一个立体的交叉的“信息网”，在后面的章节中我们会详细研究这个“网络”，看看它的先进性和可能存在的问题。

三、会计科目

会计对象的分类形成了会计要素，会计要素的分类形成了会计科目，会计科目就是我们进行会计核算的具体细化了的对象，是后面要用到的记账工具——会计账户的科学化名称。这样的分类体系有以下好处：

（1）方便归类进行信息的记录和报送。

（2）方便反映企业不同的侧面。

（3）方便进行信息的使用。

我国颁布的会计准则里专门有指导性的会计科目表，每个会计科目统一编号，以便汇总和比较信息；各个企业根据自己实际需要选择相应的会计科目进行会计核算。最新的会计科目表如表2－7所示。

表2－7　2013年最新会计科目表

顺序号	编号	会计科目名称	会计科目适用范围
一、资产类			
1	1001	库存现金	
2	1002	银行存款	
3	1003	存放中央银行款项	银行专用
4	1011	存放同业	银行专用
5	1015	其他货币基金	

续表2—7

顺序号	编号	会计科目名称	会计科目适用范围
6	1021	结算备付金	证券专用
7	1031	存出保证金	金融共用
8	1051	拆出资金	金融共用
9	1101	交易性金融资产	
10	1111	买入返售金融资产	金融共用
11	1121	应收票据	
12	1122	应收账款	
13	1123	预付账款	
14	1131	应收股利	
15	1132	应收利息	
16	1211	应收保护储金	保险专用
17	1221	应收代位追偿款	保险专用
18	1222	应收分保账款	保险专用
19	1223	应收分保未到期责任准备金	保险专用
20	1224	应收分保保险责任准备金	保险专用
21	1231	其他应收款	
22	1241	坏账准备	
23	1251	贴现资产	银行专用
24	1301	贷款	银行和保险共用
25	1302	贷款损失准备	银行和保险共用
26	1311	代理兑付证券	银行和保险共用
27	1321	代理业务资产	
28	1401	材料采购	
29	1402	在途物资	
30	1403	原材料	
31	1404	材料成本差异	
32	1406	库存商品	
33	1407	发出商品	
34	1410	商品进销差价	
35	1411	委托加工物资	
36	1412	包装物及低值易耗品	

续表2－7

顺序号	编号	会计科目名称	会计科目适用范围
37	1421	消耗性物资资产	农业专用
38	1431	周转材料	建造承包商专用
39	1441	贵金属	银行专用
40	1442	抵债资产	金融共用
41	1451	损余物资	保险专用
42	1461	存货跌价准备	
43	1501	待摊费用	
44	1511	独立账户资产	保险专用
45	1521	持有至到期投资	
46	1522	持有至到期投资减值准备	
47	1523	可供出售金融资产	
48	1524	长期股权投资	
49	1525	长期股权投资减值准备	
50	1526	投资性房地产	
51	1531	长期应收款	
52	1541	未实现融资收益	
53	1551	存出资本保证金	保险专用
54	1601	固定资产	
55	1602	累计折旧	
56	1603	固定资产减值准备	
57	1604	在建工程	
58	1605	工程物资	
59	1606	固定资产清理	
60	1611	融资租赁资产	租赁专用
61	1612	未担保余值	租赁专用
62	1621	生产性生物资产	农业专用
63	1622	生产性生物资产累计折旧	农业专用
64	1623	公益性生物资产	农业专用
65	1631	油气资产	石油天然气开采专用
66	1632	累计折耗	石油天然气开采专用
67	1701	无形资产	

续表2—7

顺序号	编号	会计科目名称	会计科目适用范围
68	1702	累计摊销	
69	1703	无形资产减值准备	
70	1711	商誉	
71	1801	长期待摊费用	
72	1811	递延所得资产	
73	1901	待处理财产损益	
二、负债类			
74	2001	短期借款	
75	2002	存入保证金	金融共用
76	2003	拆入资金	金融共用
77	2004	向中央银行借款	银行专用
78	2011	同业存放	银行专用
79	2012	吸收存款	银行专用
80	2021	贴现负债	银行专用
81	2101	交易性金融负债	
82	2111	专出回购金融资产款	金融共用
83	2201	应付票据	
84	2202	应付账款	
85	2205	预收账款	
86	2211	应付职工薪酬	
87	2221	应交税费	
88	2231	应付股利	
89	2232	应付利息	
90	2241	其他应付款	
91	2251	应付保户红利	保险专用
92	2261	应付分保账款	保险专用
93	2311	代理买卖证券款	证券专用
94	2312	代理承销证券款	证券和银行共用
95	2313	代理兑付证券款	证券和银行共用
96	2314	代理业务负债	
97	2401	预提费用	

续表2-7

顺序号	编号	会计科目名称	会计科目适用范围
98	2411	预计负债	
99	2501	递延收益	
100	2601	长期借款	
101	2602	长期债券	
102	2701	未到期责任准备金	保险专用
103	2702	保险责任准备金	保险专用
104	2711	保户储金	保险专用
105	2721	独立账户负债	保险专用
106	2801	长期应付款	
107	2802	未确认融资费用	
108	2811	专项应付款	
109	2901	递延所得税负债	
三、共同类			
110	3001	清算资金往来	银行专用
111	3002	外汇买卖	金融共用
112	3101	衍生工具	
113	3201	套期工具	
114	3202	被套期项目	
四、所有者权益类			
115	4001	实收资本	
116	4002	资本公积	
117	4101	盈余公积	
118	4102	一般风险准备	金融共用
119	4103	本年利润	
120	4104	利润分配	
121	4201	库存股	
五、成本类			
122	500	生产成本	
123	5101	制造费用	
124	5201	劳务成本	
125	5301	研发支出	

续表2—7

顺序号	编号	会计科目名称	会计科目适用范围
126	5401	工程施工	建造承包商专用
127	5402	工程结算	建造承包商专用
128	5403	机械作业	建造承包商专用
六、损益类			
129	6001	主营业务收入	
130	6011	利息收入	金融共用
131	6021	手续费收入	金融共用
132	6031	保费收入	保险专用
133	6032	分保费收入	保险专用
135	6041	租赁收入	租赁专用
135	6051	其他业务收入	
136	6061	汇兑损益	金融专用
137	6101	公允价值变动损益	
138	6111	投资收益	
139	6201	摊回保险责任准备金	保险专用
140	6202	摊回赔付支出	保险专用
141	6203	摊回分保费用	保险专用
142	6301	营业外收入	
143	6401	主营业务成本	
144	6402	其他业务支出	
145	6405	营业税金及附加	
146	6411	利息支出	金融共用
147	6421	手续费支出	金融共用
148	6501	提取未到期责任准备金	保险专用
149	6502	保险责任准备金	保险专用
150	6511	赔付支出	保险专用
151	6521	保户红利支出	保险专用
152	6531	退保金	保险专用
153	6541	分出保费	保险专用
154	6542	分保费用	
155	6601	销售费用	

续表2-7

顺序号	编号	会计科目名称	会计科目适用范围
156	6602	管理费用	
157	6603	财务费用	
158	6604	勘探费用	
159	6701	资产减值损失	
160	6711	营业外支出	
161	6801	所得税	
162	6901	以前年度损益调整	

以上就是会计家族的全部成员，它们代表了会计工作的具体对象，通过对它们的具体数据的记录，可以反映出信息使用者所需要的全部信息。那么这些家族成员之间有什么关系？用什么方式来反映它们之间的联系呢？下面我们就介绍这个问题。

第七节　会计等式

一、会计等式

可以用以下等式来表达会计要素之间的关系：

资产＝负债＋所有者权益（资产＝权益）

收入－费用＝利润

现金净流量＝现金流入量－现金流出量

第一个等式又称为会计第一恒等式，第二个等式是从第一个分解出来的，第三个等式是将货币资金从资产当中分流出来计量的结果。所以，第一等式是核心，其余的等式是辅助。

一般而言，我们研究较多的是前两个等式，这二者之间的动态平衡关系可以表达为：

资产＝负债＋所有者权益＋（收入－费用）

利润最终是要归入所有者权益的，但在其发生时要单独核算，一方面是为了与投资者投入的资本区分开，另一方面是为了掌握企业在这一期间的利润。

三个等式既能将会计核算的要素清楚地联系在一起，也是期末编制三张主要会计报表的直接理论依据。第一等式的三要素也称为资产负债表要素，第二个等式的三要素也称为利润表要素，而最后一个等式的三个要素也称为现金流量表要素。

二、会计第一恒等式：资产＝负债＋所有者权益

会计第一恒等式之所以称之为恒等式，是因为它在任何一个时间点都是成立的。如果出现不等的情况，只能说明做错了。这个等式起到了指引和检查会计记录的作用，其原理贯穿了会计记录、计量、汇总、报送等各个环节。

鉴于会计第一恒等式的重要性，在进一步了解会计核算的基本流程之前，我们对该等式进行仔细的研究。

归根到底，会计是一项分类的工作，基本的分类就是资产、负债和所有者权益。在此基础上再进行细分，直到可以进行最明细的记录为止。那么，这三个要素所构成的等式"资产＝负债＋所有者权益"就是会计进行最基础记录的标准。这个等式所蕴含的意义是经济资源的占有形态＝经济资源的权利所有者；或者价值的表现形态＝价值的归属对象。从价值运动的角度看，当等式一边或两边发生变动时，表达的含义就是价值的来源＝价值的去向。

把一个企业看作一个价值实体，假设这个价值实体目前的所有财产值500万元，而这500万元的财产有200万元来自于借款，300万元来自于所有者投资，那么用等式表达就是：500万元资产＝200万元负债＋300万元所有者权益。其意义在于当企业清算卖出500万元价格时，这500万元中的200万元应还给债权人，剩下的300万元按出资比例分给投资人。如果把企业比作一块蛋糕，那么资产就是蛋糕的形式，而负债和所有者权益表达的就是这块蛋糕的归属权。二者的经济涵义不一样，但是价值大小完全一样。

当然，会计第一恒等式的作用并非这么简单。从动态的角度看，等式一边的变化或两边同时变化是不能影响等式的平衡关系的。从价值角度上讲，价值只会改变它存在的形态，而不会凭空消失掉。所以，价值变动的记录绝不会影响等式的平衡，只是会改变其中某些项目的金额，表明价值从一种形态改变成另一种形态。这有点类似于物理学上的能量守恒定律：能量不会消失，只是改变了存在的形态。

利用会计第一恒等式进行会计记录，可以很好地反映经济业务的来龙去脉，同时可以将价值转变的过程体现出来，表明价值的来源和去向。

我们来看以下的例子，通过这些例子来了解会计第一恒等式在会计核算中如何发挥记录的作用，怎样以专业的方式对企业经济活动带来的价值运动进行描述，如何将经济活动的过程以会计信息的形式表达出来。我们利用"资产＝负债＋所有作者权益（收入－费用）"来记录以下的经济业务价值运动过程。

例：老王在5月1日出资建立一家独资企业，在本月时间里，完成了以下经济事项：

（1）老王从个人账户里拿出10 000元存入专门开设的公司账户里作为资本金。

（2）支付本月办公室租金500元。

（3）购买一辆卡车价值12 000元，支付现金3 000元，余款开出一张应付票据。

（4）赊购一台设备，价值1 460元。

（5）以现金购买物料用品，价值885元。

（6）支付本月员工工资900元。

(7) 支付本月水电气费 205 元。

(8) 收到销售货物货款 1 420 元。

(9) 老王从公司提出现金 1 750 元供个人消费。

(10) 卖出货物一批价值 2 060 元，货款尚未收到。

我们采用会计恒等式来记录这些经济业务对会计要素的影响如下所示：

	资产	=负债	+	所有者权益
期初余额：	0	0		0
(1)	10 000	10 000		
(2)	−500	−500		
(3)	−3 000	12 000		9 000
(4)	1 460	1 460		
(5)	−885	885		
(6)	−900	−900		
(7)	−205	−205		
(8)	1 420	1 420		
(9)	−1 750	−1 750		
(10)	2 060	2 060		
期末余额：	20 585	=10 460	+	10 125

从以上的例子可以看出来，会计等式起到了一个引导作用和检查作用，不但引导经济业务的记录方向，而且可以监督经济业务记录的正确性。总而言之，为了不破坏会计等式的平衡，所有的经济活动产生的价值运动在记录时只能有以下 9 种情况：

	资产	=	负债	+	所有者权益
1.	增加				增加
2.	减少				减少
3.	增加		增加		
4.	减少		减少		
5.	增加 减少				
6.			增加 减少		
7.					增加 减少
8.			增加		减少
9.			减少		增加

以上 9 类经济业务可以用会计等式表示如下：

资产=	负债+	所有者权益
−+		
+	+	
−	−	
+		+
−		−

+−

　　　　+−

+　　　+

−　　　−

除了以上9种业务的价值运动外，不可能出现其他价值变化，否则就违背了会计等式恒等的原则，记录就不正确。所以，通过会计恒等式的记账要求，可以很容易检查记账的一些错误，尤其是直接导致会计等式不相等的错误。

会计第一恒等式的作用不仅仅在于规范了记账的标准，检查记账的准确性，而且还可以通过这个等式监督三大要素之间的变动关系和增减互动的情况。理论上来说，只要知道三个要素的两个，另外一个要素是可以计算出来的，比如知道负债和所有者权益，就可以计算资产的总额，即资产=负债+所有者权益；知道资产和负债的金额，就可以计算所有者权益，即所有者权益=资产−负债；以此类推。这种等式计算反映的是静态的数据关系，三个要素之间还有动态的关系，结合这个等式加以计算可以反映一个期间的变动关系。

下面，我们用一道例题来巩固和加深对会计等式以及会计要素之间关系的理解。

例：永生公司是一家于一月份新设立的企业，一月份发生的经济业务如下：

(1) 2日收到王牌公司投资款200 000元存入银行。

(2) 5日从银行提取现金5 000元，备发上月工资。

(3) 5日以现金5 000元发放工资。

(4) 6日向银行取得短期借款，直接用于支付上月欠光明厂的材料货款500 000元。

(5) 8日公司购入材料一批已验收入库，材料价款100 000元，尚未支付货款。

(6) 9日用银行存款200 000元购买汽车一辆。

(7) 销售商品一批，价款50 000元，存入银行；该商品成本为30 000元。

要求：分析上述经济业务的发生会引起哪些会计要素发生变化，并分析对会计等式的影响。

解：

	资产	=负债+	所有者权益
期初余额：	0	0	0
	+200 000		+200 000
	−5 000　+5 000		
	−5 000	−5 000	
	+5 000 000	+5 000 000	
	−5 000 000	−5 000 000	
	+100 000	+100 000	
	−200 000　−200 000		
	+5 000−30 000		+50 000−3 0000
期末余额：	295 000	95 000	200 000

会计等式不仅仅可用于记录价值运动过程，而且可反映价值运动在某一时点的结

果，也就是说，通过会计等式我们既可以了解价值的动态信息，也可以获得价值的静态指标。静态指标是指在会计分期假设下，会计某一要素期初和期末的余额。会计要素的余额信息不是直接记录得到的，而是通过特定的会计计算公式得到的，其公式就是：

期初余额＋本期增加额－本期减少额＝期末余额

结合会计等式，我们可以得到下列等式，既能表现横向的价值运动关系，也能表现纵向的价值关系，如下所示：

资产	＝	负债	＋	所有者权益
期初余额		期初余额		期初余额
＋增加额		＋增加额		＋增加额
－减少额		－减少额		－减少额
期末余额	＝	期末余额	＋	期末余额

会计等式所揭示的价值运动的过程及结果，很清楚地表明了价值转变的完整过程，也是我们会计所记录的信息的内涵。会计通过恒等式记录的数字，就是信息的载体，通过信息的解读，就可以还原经济活动的全貌。这样的记账方式，实际上就是遵循了会计记录工作的一项重要原理：复式记账。

三、复式记账

复式记账和单式记账是相对应的一种记账形式，是在长期会计实践过程中逐渐从单式记账发展完善而来。顾名思义，单式记账就是只对价值运动的一个方面进行记录，要么记录来源，要么记录去向，不会同时反映两方面。这种记录方式的优点就是简单方便，适用于早期比较少量的不复杂的经济活动，比如我们所研究的 15 世纪之前的会计记录一般都属于这样的单式记账方式；中国宋朝出现的“四柱清册”记账法，据考证属于单式记账。比较公认的书面记录的复式记账法出现于 15 世纪末期。1494 年《数学大全》出版，其中有一章记录了意大利沿海城邦的簿记法，这是现代会计的起始。复式记账就是对一项经济活动的价值运动从两方面同时记录，反映出经济运动的全貌，价值的起点和终点都能表现出来，也就是双重记录，表现了同一个价值量的变化过程。复式记账之所以比单式记账更先进、更科学，是因为它便于了解经济活动的整个变化过程，能够很好地掌握价值的来源和去向，便于信息传递和价值追踪，并可以进行事后的检查和监督。

例如，个人的消费记录如果采用单式记账，每天的现金支出就只记录现金花销的金额，比如买早餐花了 10 元，就只记录现金减少了 10 元；买了报纸花了 2 元，记录就是现金减少 2 元；吃中午饭花了 30 元，则记录现金少了 30 元……以此类推，这样一天的现金支付记录得很清楚，但这些现金到底花到哪里去了，从账面记录上是看不到的，所以价值的运动就没有对应关系，我们只能看到单方面价值的减少，具体这些现金价值量转移到哪里去了，是不清楚的。这样，我们就无法通过单式记账还原经济活动，无法获取全面信息，也无法对经济活动进行有效的监督。但如果采用复式记账法，就可以解决上述问题。以上述为例，花出去的现金采用复式记账，早餐花了 10 元，就在现金账和费用账（早餐）同时记录 10 元钱，意味着现金少了 10 元，现金的价值转换成了一项费用，即早餐费增加了10元。报纸花费记录为：现金减少2元，费用（报纸）增加2元。午餐花费记录为：现金减少30元，费用（午餐）增加30元。以此类推，这样到期末汇总时，很清楚地知道现金价值的变动额，也同时很清楚地知道这些现金花到哪里去了，也就是价值运动的起点是现金，终点就是费用。具体可表述如下：

	现金费用	早餐	报纸	午餐
	−10	+10		
	—2		+2	
	−30			+30
合计	−42			+42

这样的复式记账，对经济活动的反映十分全面完整，可以提供最为有用的信息，也方便对价值运动进行监督和管理，因为价值量的变动在两方面同时记录，如果觉得某一方有问题，就可以查找它的对应方，看看二者的对应关系是否合理合法合规，记录的价值量是否相等。

四、收入−费用＝利润

这个等式涉及三个会计要素，即收入、费用和利润。这三个要素用于反映企业在一定时间内的盈利能力，即赚钱能力；因为它们是构成利润表的三个要素，所以又称为利润表要素。这个等式不是基本恒等式，是附属等式，从属于会计第一恒等式，三个要素也是从所有者权益要素分解出来的附属要素。

那么，为什么要从所有者权益要素分解出这三个会计要素呢？这是因为，所有者权益的变动及其结果取决于两种不同性质的活动：一种是所有者自身投资或撤资（分红）所导致的所有者权益的变化，这是投资者对企业的"输血"所带来的影响；另一种是企业利用资产赚的钱或亏损所带来的所有者权益的变化，相当于企业自身的"造血"功能带来的结果。这两种活动虽然最终都会影响所有者权益的变化，但根本性质和意义是不一样的，所以必须加以区分，这样才能提供科学准确的信息，帮助信息使用者决策。

利润是一个结果，它取决于两个要素：收入和费用。因为"利润＝收入−费用"，利润最终要计入所有者权益，所以收入的产生根本上会造成所有者权益的增加，费用会造成所有者权益的减少，二者之差即利润或亏损。当收入大于费用，利润是正数，所有者权益净增加，表明企业赚的价值的归属；当利润是负数，表明企业亏损，收入不足以弥补费用，造成所有者资本的侵蚀。从企业发展和存在的意义看，"造血"功能是企业持续增长的基本功，而投资者的"输血"只能是偶然的辅助性的。将利润、收入、费用三者从所有者权益区分出来，就是为了清楚地区别企业的"输血"和"造血"功能，从而判断企业长期价值增长的能力。

另外，企业的利润是企业获取长期稳定现金流量的基本来源，也是企业价值创造的结果。如果缺乏稳定的利润，企业的现金流量会存在问题，短期的融资只能解决一时的问题，但不能持续。企业只有获取更多的持续的利润，才能发展下去。所以利润指标，以及计算利润的收入和费用是我们对企业盈利能力进行判断的重要信息。

加入利润、收入和费用三要素后，会计第一恒等式的所有者权益的变动可以表达为：

所有者权益期末余额

＝期初余额＋（所有者新增资本－所有者撤资及分红）＋净利润

＝期初余额＋（所有者新增资本－所有者撤资及分红）＋（收入－费用）

例：某企业资产、负债和所有者权益的期初余额和本期发生额如下所示：

	A	B
期初余额：		
资产	100 000	60 000
负债	40 000	20 000
期末余额：		
资产	140 000	75 000
负债	50 000	10 000
本期发生额：		
追加投资额	(a)	5 000
投资人收回投资	12 000	8 000
收入	80 000	(b)
费用	65 000	30 000

要求：利用会计等式之间的关系，计算（a）和（b）的数值。

五、现金流入量－现金流出量＝现金净流量

现金流就好比人身体中的血液，人身体中血液的通畅与否直接关系到人的命运，企业现金流的畅通与否，也将直接关系到企业的命运。谁掌握了现金流，谁就掌握了企业的命运。早在20世纪60年代美国的经济学家就提出，最终决定企业价值的，一是企业生命周期内所能获得的现金流的数量和时间跨度；二是为了获得这些现金流所需要承担的各种不确定性，即风险；三是为获得现金流而投入的资本量。换句话说，企业价值等于未来各期自由现金流的折现（NPV，Net Present Value），现金流是创造企业价值的源泉。那么要增大企业价值，就需要在未来的经营中为企业创造更多的现金流。因此，从确保未来可持续的获取自由现金流的角度来说，增强企业核心竞争力、提高客户满意度、扩大市场份额等企业经营行为，都是价值管理的具体实践。

我国通常没有单独列出现金流量三要素，但现金流量表确实是一个极其重要的报表，因为这三要素所反映出来的信息，恰好可以弥补资产负债表和利润表所不能提供的重要信息。在前面我们提到过权责发生制和现金收付制，基本上资产负债表和利润表上的信息是按权责发生制提供的，由于权责发生制本身的问题，我们无法通过这两个报表获知现金方面的实际情况，而现金恰恰是真实财务信息的基本代表，所以会计上提供以现金收付制编制的现金流量表，通过这张报表上的现金流出量、流入量和净流量的数据，为信息使用者提供重要的财务信息。

现金流量表的出现，在国内可以追溯到20世纪80年代。之前国内采用的是“财务状况变动表”，但这张表无法解决对现金信息的需要，因为从根本上说，它也是采用权

责发生制编制的。进入 20 世纪 80 年代后，随着对外开放和受国际上先进会计理念的影响，我国逐渐接受了以现金流量表来提供相关信息的实践，从而在全国以现金流量表代替财务状况变动表，提供现金流入量、现金流出量和净流量的信息。时至今日，现金流量表已经成为三张主表当中最重要的一张表，而它所提供的现金流量方面的信息，对于信息使用者而言至关重要。

第三讲　会计做什么

——会计的技术加工流程

学习目标

1. 了解会计加工的基本流程
2. 掌握会计技术的基本方法
3. 熟练应用会计加工工具
4. 学会编制会计分录、设置和应用会计账户
5. 掌握实际工作中会计技术流程和工具

在前面介绍的会计等式中，我们已经应用到了复式记账原理，并对此进行了必要的说明。会计信息的提供，遵循的是一种科学、合理、有效而又严密的逻辑系统，它的整个工作过程就是将“原材料”加工成“产成品”，类似于我们平时看到的一般制造型企业将原料加工成产品的流程，比如汽车生产商，要将钢材、塑料、木材等等原料加工成汽车这种产成品，然后才提供给客户。会计的工作也是这样，只不过它的“原材料”、“产成品”和加工流程比较特殊而已。如下所示为会计的工作流程：

原始数据（原材料）—会计加工—会计报表（产成品）

会计的原材料就是企业经济活动所产生的各种能以货币计量的价值数据，产成品就是经过加工后报送出来的标准化会计报表，加工流程就是会计工作的基本程序，所用到的技术方法我们统一给个名字，即“借贷复式记账法”。

会计和其他实物生产不同，其实就是会计的“原材料”和“产成品”是“虚”的，不是实物，而是“数据”，但原理差不多，都需要借助必要的“工具”、“流程”和“方法”进行加工，所以我们这一章重点讲述的就是如何将“原材料”加工成“产成品”，加工过程中应该用到什么样的工具和技术方法等。

第一节 会计加工技术流程简介

一、原材料的鉴别及筛选

会计加工所需的原材料来自于生产经营活动过程中所产生的原始数据，比如企业购买固定资产花费50 000元，发放本月工资100 000元，用现金支付清洁费200元，签订一项意向性合同金额500万元，等等。这些数据就是会计加工的原材料，但注意并不是所有原始数据都可以进入会计加工流程，会计人员需要进行第一步的鉴别和筛选工作。怎么做呢？应该遵循以下原则：

（1）符合历史成本记账原则。

（2）可以用货币加以计量。

（3）属于本会计主体的活动所产生的数据。

能够满足上述三个要求的数据就可以进入下一步的加工流程。如上所举的例子，意向性合同所涉及的500万元就不能入账，因为不符合历史成本记账原则。其余的金额都符合三项要求，所以可以作为会计加工的材料。

二、加工原理：借贷复式记账法

（一）基本介绍

借贷复式记账法所遵循的原理是“资产＝负债＋所有者权益”，利用这个等式来完成记录、加工、汇总、检查、报送信息的全部流程。在这个流程中，会计要遵循必要的原则和标准，应用必要的工具和手段，一步一步完成工作步骤。借贷复式记账法是经过会计界、实务界长期实践和研究总结出来的，来源于实践，高于实践，反过来又指导实践工作。借贷复式记账法的理论内容很丰富，但专业术语并不是很好理解，特别是对于初学会计又没有实践经验的同学而言，更是困难。不过，我们可以将其拆开，一步一步慢慢解释，并配以相应的例子，相信会比较容易掌握。

（二）记账法

首先，我们要清楚借贷复式记账法是一种记账法，体现了会计工作的基本及主要内容：记账。毫无疑问，作为数据的加工方法，对数据的“记录”是第一位的，如果不把数据记录下来，后续的加工、整理、汇总、报送等工作将无以为继。因为会计工作的特殊性，“记账”体现了其工作的实质：将数据记录到账，“原始数据”变成“账”面上的“信息”，以供信息使用者使用。

这里的“记账”含义比较丰富，它包括记录、计算、汇总、报送等几个方面，通过

“账”这种载体来完成以上的“记”这个工作。

早期的会计工作只有简单的记录，后来慢慢地扩展至计算、汇总、报送等内容，而且内容越丰富，流程就越复杂，甚至还有些分析和管理的工作也会体现在会计的“记账法”里面，在后续的课程里，我们会一一了解学习。

目前我们理解的“记账”所针对的具体内容是经济活动对某个具体会计要素的价值量的增减变动情况，也就是价值来源和去向。当某一要素的价值量增加了，必然导致另一个要素价值量的减少，二者形成对应关系，表达的是价值来源和去向的一一对应关系。价值量（具体在会计上就表现为货币金额）不会无缘无故出现或消失，只是改变它存在的形式，从一种要素转成另一种要素，但价值量始终保持不变。会计上的“记账”就是要客观忠实地记录这一价值量变化转移的过程并计量汇总其结果，以一种标准的方式报告给信息使用者，从而让他们了解特定时期特定主体的经济活动的经济后果，帮助他们进行相应决策。

（三）复式记账

上一章我们也讲到过复式记账，这里再将这个概念强化一下，略有重复，只是希望大家对此印象深刻一些。

复式记账法就是对任何一笔经济业务，都必须用相等的金额在两个或两个以上有关账户中相互联系地进行登记的方法。复式记账法是和单式记账法相对应的一种方法，早期的经济活动量少、过程简单，所以用单式记账法基本可以达到记录的作用。但随着记账内容的增长，业务复杂性增强，用单式记账法已经无法满足企业记账的需求了，所以，单式记账法逐渐被复式记账法替代。发展至今日，复式记账法成为一统天下的记账方法。那么什么是复式记账？和单式记账有何区别？下面，我们就讲个例子让大家了解一下。

假如你对自己每天的现金支出都要记个流水账，我们给出 10 月 16 日你的现金花费：

早餐：10 元。

买报纸：1 元。

地铁票：4 元。

矿泉水：2 元。

午餐：15 元。

下午咖啡：25 元。

同事凑份子：200 元。

晚餐：35 元。

电话充值：100 元。

如果采用单式记账法，可以做成表 3-1 的样子。

表 3—1　单式记账法

日期	现金支出
10 月 16 日	10 元
	1 元
	4 元
	2 元
	15 元
	25 元
	200 元
	35 元
	100 元
合计	392 元

这样记账的好处是简单快速，如果业务不多或者不需要回头检查，就没什么问题。但如果量大并且哪一天需要回头看看自己在哪些方面花费了多少，就无法查证，只能知道自己当天总共花费了多少，无法知道每一笔钱花到了哪里。为了解决这个问题，我们引入复式记账法，如表 3—2 所示。

表 3—2　复式记账法

日期	现金支出	费用增加
10 月 16 日	10 元	早餐费 10 元
	1 元	报纸费 1 元
	4 元	交通费 4 元
	2 元	饮料费 2 元
	15 元	午餐费 15 元
	25 元	饮料费 25 元
	200 元	交际费 200 元
	35 元	晚餐费 35 元
	100 元	通讯费 100 元
合计	392 元	392 元

通过表 3—1 和表 3—2，大家可以直观地看出单式记账法和复式记账法的区别。简单总结一下：单式记账法就是将经济活动所产生的价值量增加或减少只在一方面记录，对应方不做记录；而复式记账法则是对价值量运动的来源和去向同时做记录，完整表达价值量增加和减少的对象，形成一一对应关系。所以，复式记账的含义就是双重记账，不但记录价值量的增加也要记录价值量的减少，形成一个完整的价值链。就像上面的例

题，单式记账只能反映现金的减少，并不能反映现金价值减少的原因，也不知道现金价值量转移到哪里去了；而复式记账既可以清楚地反映出现金减少的金额，又能清楚地表现出现金转移的对象，从而让信息使用者可以全面掌握现金及其对应的价值增减变动情况。复式记账不但能提供充分的信息，也能帮助我们查账。假如我们怀疑现金的记录有问题，可以去查它的对应记录，从而保证记录的正确性。因为同一笔经济业务相当于同时记录了两次，价值载体不一样，价值量（货币金额）始终是一样的。

（四）借贷的涵义

“借”和“贷”这两个字应该是借贷复式记账法里最不容易理解的专业术语了。早期的会计采用增减或收付记账，从价值量的增减或货币金额的收付来理解，似乎容易些。但为了和国际接轨，采用了“借”“贷”这样的术语。简单地说，“借”是英文“DEBIT”，“贷”是英文“CREDIT”的汉语翻译。所以当我们记账时会简写为 Dr. 和 Cr. 。如果按照这两个词的本身涵义来理解，很容易弄混，不能把它们和中文常用的“借款”“贷款”中的借和贷等同起来。正常的理解应该是把它们当作会计复式记账法用到的两个记账的符号，仅仅表示价值量的增加或减少以及余额，别无他意。从动态的角度讲，借和贷表示价值量的增量；从静态角度讲，借和贷表示价值量的存量。至于借和贷是代表增还是减，则要看具体的会计对象及会计要素的性质。

（五）借贷复式记账法的基本工作步骤

借贷记账法下，会计加工的基本流程是：编制会计分录—登记会计账户—编制会计报表。

这个步骤是一个基本的框架，当然实际工作中大的步骤里还包含许多的小步骤，更多的内容和细节我们会放到后面的章节中详细讲解，大家在这里只需要了解大的框架。相当于先搭好架子，再往里面装东西。

会计分录、会计账户、会计报表是会计核算工作的基础工具，掌握了这三个工具，会计的核算工作就游刃有余了。下面我们就具体介绍这三种工具并加以应用。

第二节　会计加工工具的使用

一、会计账户

在前面介绍会计等式时，我们已经举例说明怎样采用复式记账来完成对经济活动的价值记录，但实际工作中，我们不可能采用这样原始粗糙的方法直接在等式下方记录经济活动的数据。事实上，经过几百年的发展和进步，会计已经形成了一套严密的方法来进行记录。这个方法中要用到一个很重要的工具，专门用于原始数据的分类记录，这个工具就是“会计账户”。

会计账户以会计科目为名称，分类记录会计数据。它是会计借贷复式记账法的重要工具，用于完成会计数据的分类记录、计算、汇总等功能。在理论和学习过程中，会计账户可简化为"T"形式，左边和右边分开，专门用于分别记录不同性质的数据，即价值运动产生的结果。这就好比一个建筑，分别设有"进口"和"出口"，这样既方便又科学，类似于单行道，来去很清楚，不会造成"拥堵"，不会混淆。因为账户是用于数据记录的，而它所记录的数据是一个一个的价值量，价值量的变化只有两种情况：增加或减少。所以左边和右边区分的好处就是一边可以专门用于记录价值量的增加，另一边专门用于价值量减少的记录，二者分开，就不会搞混，到期末时也方便进行汇总计算。

账户记录了增加额和减少额之后，通过期末的计算，可以得出余额，而本期的余额递延到下一期，即成为下一期的期初余额。这样一来，账户能够提供某一具体会计科目也就是会计要素某一具体分类的四类指标：期初余额、本期增加额、本期减少额、期末余额。这四类数据之间的关系如下：

期初余额＋本期增加额－本期减少额＝期末余额

于是，通过会计账户，信息使用者可以得知某一类会计要素在连续时间的动态指标以及某一时点（通常是期末）的静态指标，从而得知在某一特定时期，某一具体的会计要素是怎样随着经济主体的活动而产生变化的，这样变化的结果又是什么。

当我们把所有的会计账户的余额分类加在一起，就可以得到某一大类的会计要素的基本情况，会计报表就是这样汇总得到的。每一个单独的会计账户提供的是某一个具体项目的明细信息，而分类汇总的会计账户提供的是某一大类会计要素的综合信息；会计账户就像一块块的砖，把它们按一定的规则垒在一起，就可以构成一栋建筑；而当你把这栋建筑拆开，又恢复成一块块的砖头。

这就是会计账户及会计账户的基本作用。那么，会计账户该怎样设置？设置多少？

通常，会计账户是按下面的联系图设置的：

会计要素—会计科目—会计账户

关于会计账户和会计要素我们在前面已经介绍过了，事实上会计账户就是对会计要素详细的分类、进行针对性记录所用到的载体。具体的账户数量取决于会计要素分类形成的会计科目的多少。我国的会计科目分为资产类、负债类、共同类、所有者权益类、成本类、损益类（收入、费用和利润等）六大类；下面设有若干会计科目，称为一级科目，并且编了号码，全国通用。各个国家一般都会有专门的机构发布相关的会计规范，设定专门的会计科目表，我们在前一章已经介绍了会计科目表，那是我国的标准会计科目表，以此表为准，设置所需的会计账户。每个企业规模不同，经济业务不一样，所用到的会计科目不一样，账户使用也就有所不同，不仅是数量上，而且具体的科目也不同。一般的小型企业用到的是几十个常用的账户，而大型企业少则上百，多则几百个账户都要用到。会计科目是国家规定好的，所以账户的设置是没有弹性的，只能按会计科目表来设置并应用。有些国家是由非政府机构颁布指导性规范，不具有强制性，在账户的设置上有相当的自由性。

要想理解会计账户，不妨把账户想成一个个用来装数据的"盒子"，每个"盒子"贴了一个"标签"，这个标签就是账户的名称，表明账户是分了类的，便于"装"不同类的“数据”。至于该有多少这样的账户，每个账户的名字是如何得来的，这取决于会计要素。基本上，会计账户来源于会计要素具体分类的需要，当会计要素分得越细，会计账户设置得就越多。会计账户的名称实际就是细分了的会计要素的具体称呼，比如资产这个会计要素，下面又分为流动资产、固定资产等六大类，流动资产下面又分为库存现金、银行存款等等，那么“库存现金”“银行存款”就是我们设置相应账户的名称。所以，会计科目表就是我们设置会计账户的基本依据，会计科目就可以理解为会计账户的名称。会计账户就是以会计科目为名字，具有借贷两方用于记录会计数据的载体。正如上面所说，假如把会计账户当作一个个装数据的小盒子，则这些盒子是分成了两个部分，分别装代表“增加”和“减少”的会计数据。简单的会计账户如下所示：

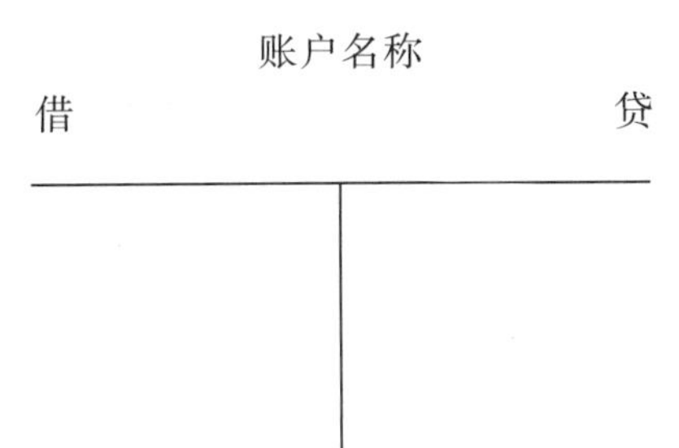

从图形上来看，这样的会计账户我们取个名字叫作“T”形账户。T 形账户分为左右两边，分别用以记录该项科目的增加额和减少额。根据上述介绍，账户左边是借方，右边是贷方，也就是说“借”表示账户的左边，“贷”表示账户的右边。所以，借和贷在会计记账中的含义如下所示：

借＝账户的左边，贷＝账户的右边

账户借贷两方分别用于记录该科目的增减变动情况。因为从价值量来看，只有增加和减少两种情况，为了方便数据分开记录和汇总，就要将增加和减少的价值量分成两边记录，这就是为什么账户要分为借贷两个部分。

至于借和贷哪边记录增加，哪边记录减少，则要看会计科目的性质。会计科目是按会计要素分类的，我们目前有六大会计要素：资产、负债、所有者权益、费用（成本）、收入、利润（成果）。按照这些会计要素的性质，我们把这六大要素下的科目归为两大类：资产和费用成本类（包括资产、费用要素下设的相应账户），收入成果类（包括负债、所有者权益、收入、利润下属的会计账户）。按照会计要素来分，记账规则如下：

资产和费用（成本）类：左边记录价值量的增加，右边记录价值量的减少，止常余额一般在左边。

收入成果类：右边记录价值量的增加，左边记录价值量的减少，正常余额一般在右边。

按照这样的记账规则，任何一笔经济业务用复式记账法在两个以上的账户记账，形成的一定是一左一右的对称关系，反映了价值量一增一减的变动关系，绝对不会出现“同边手”，即都记在右边或都记在左边的现象。

有了会计账户这个记账工具，当发生经济业务时，数据就可以按照账户的记账规则分门别类地归入到各自的账户中去，对应借方或贷方。按照复式记账的原则，每一笔经济业务记入账户时至少对应两个账户，一边表示经济价值的增加，一边表示价值的减少，两个账户就形成一一对应关系，表明对一笔经济业务的双重记录。因为账户用"借""贷"表示增加和减少，所以复式记账一定会形成两个账户一借一贷的结果，也就是"有借必有贷，借贷必相等"。按照我们前面所介绍的账户记账规则，如果记账时出现了两个账户同时都在借方或贷方，那么基本上可以判断记账错误。原则上来说，只要按照借贷复式记账的记账规则记录账户数据，只会形成有借必有贷的左右对称关系，而非同借同贷的"同边手"情况。

举例如下：某企业从银行账户提取现金 2 000 元备用。

这笔经济业务采用借贷复式记账法记录到会计账户如下所示：

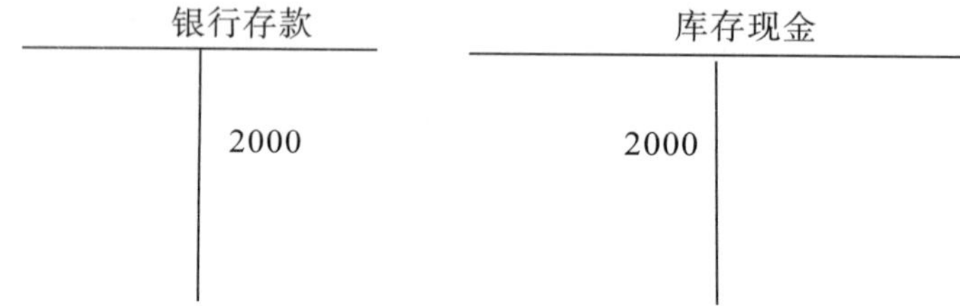

因为库存现金和银行存款都是资产类账户，按照记账规则，资产类账户借方表示增加，贷方表示减少，所以这笔记录应该是库存现金增加了 2 000 元的价值量，记入借方，同时这 2 000 元的价值量来自于银行存款的价值减少，所以银行存款贷方记录 2 000 元，形成一借一贷的对应关系，金额都是 2 000 元。两个账户的记录完整地反映了这笔经济业务价值转移的来龙去脉，从银行存款转到了库存现金，企业总的价值量没变，只是 2 000 元的价值改变了存在的形态。

二、会计分录

实际工作中，当经济业务发生后，数据进入会计信息系统，并没有直接进入对应的账户中。为了进一步保证数据记录的完整性，便于信息的查阅，在登记会计账户之前我们还有一道工序，即编制会计分录。因为账户的记录相当于是分类记录，每个账户的数据是反映该科目一个时期的全部情况，如果我们需要了解的是某一天所发生的全部经济业务情况，则需要另外方式的记录，所以为了满足这种对信息"序时记录"的要求，我们引入了会计分录。会计分录采用一种文字描述的方式将借贷复式记账法的记账原则表现出来，用以记录每一笔经济业务带来的增减变动情况，也就是将登记账户的内容采用特定书写方式提前做一遍。编完了会计分录，再将会计分录的数据登记到对应账户中去。会计分录的基本格式是：上借下贷，左右错开，金额一致。如：

借：账户名称　×××

　　贷：账户名称　×××

按照上例，我们先编制会计分录如下：

借：库存现金　2 000

　　贷：银行存款　2 000

会计分录不但可以提供序时信息，还相当于在登记会计账户之前做的一次准备工作，可以保证登记进入会计账户的数据的准确性。所以我们对借贷复式记账法的理解和运用、对账户设置和使用的情况就可以通过编制会计分录来反映。会计分录的编制承担了借贷复式记账法的大多数内容，涉及选什么账户、哪个账户用借方、哪个用贷方、金额是多少等，对账户的登记反而压力减小，因为只要前面一步的会计分录编写正确，比照会计分录一一对应登记会计账户就只是一个数据摘抄的机械性工作，不需要做分析、做判断、做选择。

三、会计报表

如果说会计分录和会计账户是日常记账所用到的工具，那么会计报表则是期末汇总数据提供标准化信息所用到的工具了。三种工具各司其职，负责提供不同角度不同详略情况的信息：会计分录提供日常详细的序时信息，会计账户提供日常详细的分类信息，会计报表则提供期末汇总的综合信息。这样一来，信息使用者所需要的各种不同角度的信息都可以获得。会计体系形成了一套科学的信息系统，全面而完整。

目前会计体系对外提供的标准报表有三张：资产负债表、利润表、现金流量表。每张报表对应不同的会计要素。资产负债表是将资产、负债、所有者权益这三大要素的账户记录汇总起来形成的，而利润表则是将收入、费用、利润这三大要素的账户数据汇总而成的，现金流量表则是用了广义现金账户的数据分析计算汇总得到的。

报表的数据来自于账户的期末余额，根据期末余额分析汇总列示，反映企业在财务状况、盈利能力、现金流动三个方面的综合情况。

关于会计报表的具体编制和使用，我们在后面的章节将进行深入学习。

四、检查方法

对会计记账的正确性需要进行有效的检验，以确保数据准确无误。除了日常记账需要仔细之外，到了期末会计也有相应的检验方法，包括发生额平衡法和余额平衡法两种。这两种检查方法遵循的是“有借必有贷，借贷必相等”的记账规则，即价值的减少量等于价值的增加量，符合价值守恒原理，完全依据了会计第一恒等式原理。

发生额平衡法用到的公式为：

本期全部账户的借方发生额=本期全部账户的贷方发生额

余额平衡法用到的公式为：

期末全部账户的借方余额=期末全部账户的贷方余额

也就是说，无论增量还是存量，借方应和贷方保持完全一致。

如果期末用这两个公式检验账户的发生额和余额，发现无法相等，那么就表示账户的记录有误，则需要回头查找错误。但需要注意的是，当两边相等时，并不一定意味着没有错误，这一点要切记。如果登账时金额正确，账户正确，只是账户的借贷方向弄反了，则不会影响发生额和余额的结果，自然无法发现错误。或者整个一笔分录都没有登记入账，那么也不会造成发生额和余额的不平衡。类似这样的错误，采用这两种方法就无法检查出来，大家应用时要注意，还得配合其他方法进行检验。

会计的检查方法的应用，是采用编制发生额平衡表和余额平衡表来进行的。发生额平衡表和余额平衡表的格式如表 3—3 和 3—4 所示。

表 3—3 发生额平衡表

账户名称	借方发生额	贷方发生额
合计		

表 3—4 余额平衡表

账户名称	借方余额	贷方余额
合计		

一般情况下，发生额平衡表和余额平衡表统一称为试算平衡表。手工做账情形下，期末时都会编制三张试算平衡表（余额平衡表），一张是在期末调账前编制的调账前试算平衡表，一张是调账后试算平衡表，最后一张是结账后试算平衡表。当然，在引入计算机系统后，随时随地都可以做试算平衡，随时都可以自动生成试算平衡表，不管是发生额还是余额。每天进行试算平衡，可以做到及时发现错误，及时更正，以免累积到月末，不容易找到错误发生在哪一天、哪一笔。

五、借贷复式记账法总结

我们总结一下上述的借贷复式记账法的内容，归纳为以下几点：

(1) 采用复式记账法，一笔经济业务引起的价值量变动要在两个以上科目中同时记录，形成账户上的一一对应关系。

(2) 采用借和贷作为记账符号，代表价值的增加和减少。

(3) 以"有借必有贷，借贷必相等"作为记账规则。这种记账规则下，会计科目的分类决定了不同类的账户借方和贷方究竟哪方记录增加、哪方记录减少。

(4) 利用"资产=负债+所有者权益"这个等式关系，通过期末余额平衡法和发生额平衡法来检查记录的正确性，具体通过采用编制试算平衡表的方式进行。

(5) 利用会计账户、会计分录、会计报表等工具提供数据和信息，既有日常详细记录，又有期末汇总记录，从而完成全方位的信息覆盖。

借贷复式记账法的要点如下：

（1）是一种专业化的记录财务数据和信息的方法。

（2）针对的是会计要素的变动和结果等信息。

（3）讲究平衡和联系。

（4）不仅要对每一笔经济业务进行全面、系统的反映，而且对会计主体所发生的全部经济业务要进行记录，因此，需要设置完整的账户体系。

（5）必须对每一笔经济业务进行核算和监督。

（6）对每一笔经济业务都要反映其来踪去迹两个方面。

（7）可对一定时期内所发生的全部经济业务的会计分录进行全部的综合计算。

第三节　会计循环——记账流程的细化

一、会计循环概述

通过前面的讲解，我们大致知道了会计账务处理的基本流程和内容，如下所示：

企业经济活动产生的会计数据—会计分录—会计账户—会计报表

一个完整的会计工作流程我们称为一个会计循环，会计循环的周期一般是一个标准月份。会计每个月都要完成上述的标准流程。

不过在得到正式规范的会计报表之前，还有很多事情要做，更具体、更详细的工作流程为：

分析经济活动—收集会计原始数据—编制会计分录—登记会计账户—期末汇总、调账、结账—编制会计报表

也可以表述为：

会计数据—会计分录—会计账户—账户汇总—平账方法检查（编制余额平衡表）—调账程序—结账程序—会计报表

也就是说，为了保证期末会计报表的正确和完整，在期末结束编制会计报表前，我们还有两项重要的会计工作要做：一是调账程序，二是结账程序。下面我们就来看看这两个程序的基本操作流程和作用，以及应该注意的事项。

二、调账程序

期末所有的账户登录完本期的发生额之后，需要进行检查，用以查明在权责发生制下，是否有应该入账而还没有入账的收入和费用，相当于期末的查漏补缺工作。

前面我们学过了权责发生制，了解了权责发生制下收入、费用的入账原则以及利润的计算方式。由于权责发生制下涉及一些待摊、预提、预收、预付等项目，在期末时需要根据实际发生情况进行调整入账，所以才会有“调账程序”这一补充步骤，相当于是对日常会计记账工作的“查漏补缺”。例如：上月支付12 000元（12个月）的报纸杂志

费，这是一笔预付费用，需要在接下来的12个月的受益期进行分摊，作为每个受益期的费用。于是本月结束后，本月的报纸杂志已经收到，费用已经完成，所以要将上月预付的12 000元中的1/12，即1 000作为本月的费用正式入账。

调账程序的具体操作流程如下：

分析需要调账的项目及金额—编制调账分录—登记对应账户—计算账户余额—编制调账后余额平衡表

（一）分析需要调账的项目

根据日常经济业务的发生情况及权责发生制的要求，需要调整的项目只涉及收入和费用，按其发生的特点可以归结为以下四种调整项目。

1. 预付费用的调整

所谓预付费用是指之前已经支付，但需要以后若干个受益会计期间共同承担的费用，按照“谁受益谁承担，受益得多，承担得多”的原则，需要将这笔预先支出的费用采用一定的方式进行计算，分配到受益的月份。比如上例提到的报纸杂志费，一般是上一年年末统一支付下一年全年的，到了下一年每个月再分摊属于自己的那份报纸杂志费；再比如支付的财产保险费也是这种情况；另外固定资产的折旧费实际上也是一种预付费用的调整，只是这种费用金额较大，时间跨度较长而已。因为固定资产买入时需要支付其买价，买入后在它使用的寿命期间内将这笔买价按一定方法分摊到每一个会计期间，于是每个期末就形成了固定资产的折旧计算入账，实际上就是一笔预付费用的调整工作。

2. 应计费用的调整

应计费用是已经发生，应该由当期承担，但还没有实际支付，需要在以后期间再行支付的费用。比如本月发生的水电费，本期已经消耗，已经受益，但具体的支付要等下一期间或者某个期末统一结算，但按照权责发生制的原则，应该作为本期的费用先入账，以便和本期的收入配比，计算当期的利润。再比如，企业的工资费用，一般本期的工资费用期末先入账，具体支付要等到下一期，这样就形成了期末对应计费用的调整程序。

3. 预收收入的调整

收入的产生有三种情况，一种是当期售卖当期就收到款；一种是当期售卖，以后期间收到款；一种是本期销售，但货款早在以前期间就收到了。第一种情况不涉及调整分录，但后两种就要进行账项调整了。这里提到的预收收入是指第三种情况，先收款，本期发生实际销售再确认收入。

4. 应计收入的调整

应计收入是属于前面所讲的第二种情况，也就是收入是在本期发生，但具体款项是在以后期间收取。比如银行应该支付的企业存款利息收入，一般是季度结算或半年结算一次，但当月的利息收入应该按照权责发生制记入当期的收入里。

（二）编制调账分录

分析了什么项目应该进行调账后，接下来就要编制调整分录。四种调整账项的会计分录如下。

1. 预付费用的调整

借：管理费用
　　贷：预付费用
借：制造费用
　　管理费用
　　贷：累计折旧

2. 应计费用的调整

借：制造费用
　　管理费用
　　贷：应付水电费
借：生产成本
　　贷：应付职工薪酬

3. 预收收入的调整

借：预收账款
　　贷：主营业务收入（销售收入）

4. 应计收入的调整

借：其他应收款
　　贷：利息收入

（三）登记对应账户

调账分录编制完成，就按照要求对应登记入分类账户中。如果是在学习过程中，直接就用简化的T形账户登记，如果是在实际工作中，便是在电脑中直接操作，自动分类归集到各自的账户中。

（四）计算账户余额

涉及调整分录的账户因为有新的金额入账，所以就要重新计算一个调账后的余额，这个余额代表调账后的最终账户余额，也是编制会计报表所用到的最终数据。

（五）编制调账后余额平衡表

为了检查调账分录和登记账户是否正确，同样，在计算完新的余额后，要编制一张新的余额平衡表，用以检查调账程序是否正确。如果这张调账后的余额平衡表没有平，那么就回头查找错误，重新做平；如果已经做平，就直接进入下一个环节：结账程序。

三、结账程序

（一）为什么要结账

结账的原因有以下几点：①将临时性账户结清，永久性账户结转，方便下一期重新开始。②相当于期末的总结，计算当期的利润。③方便编制会计报表。④利用结账程序再做一次检查，查看前面的环节是否有错。

结账程序的基本流程如下所示：

分析需要结账的项目及金额—编制结账分录—登记对应账户—计算账户余额（虚账户结为0）—编制结账后余额平衡表

（二）临时性账户和永久性账户

临时性账户也叫作虚账户，是指收入、费用、利润（成果）类账户，构成利润表的项目。它们的特点是分期记录，前后期无关联，当期的金额当期记账，期末结清，余额保证清零，下一期重新开始。这样的目的是保证每一期的收入、费用等都只是反映当期的，方便计算汇总当期的利润，而不会和其他期间的数据混淆，也遵循了会计分期原则的要求。这类账户期末结账后余额为零，也就是没有余额，下一期从零开始重新记账。这类账户期末要通过编制结账分录来完成结清的任务，同时方便计算当期经营成果（利润或亏损）。

永久性账户又称为实账户，是指构成资产负债表上的资产、负债、所有者权益类的账户，这一类账户平时的记录和其他账户一样，但期末的余额是要结转到下一期间，作为下一期间的期初余额，前后期的数据是有连续性的，反映了某一个账户在连续会计期间增减变化的情况。一般这类账户期末也有结账程序，但结账主要是计算期末余额，然后结转至下一期作为期初余额，方便下一期连续做账。这类账户期末不是结清，所以并不需要编制结账分录，直接在账户上操作即可，但有的时候也会编制结转分录。

（三）结账分录

对于临时性账户的结清，需要编制结账分录来进行。一般情况下，结账分录的编制有两类：费用类账户的结账分录、收入类账户的结账分录。这两类账户的结账，都会涉及一个账户，即"本年利润"。本年利润账户是一个汇总账户，将本期的收入、费用全部汇总到此账户，可以方便计算当期的经营成果。费用类账户一般是从贷方将金额转入至"本年利润"账户的借方，而收入类账户一般是将余额从借方转入"本年利润"的贷方；如果收入大于费用，本年利润账户是贷方余额，表示本期盈利，如果费用大于收入，本年利润账户是借方余额，则表示是亏损。具体分录如下所示：

借：本年利润

　　贷：费用

借：收入

　　贷：本年利润

表达为T形账户为：

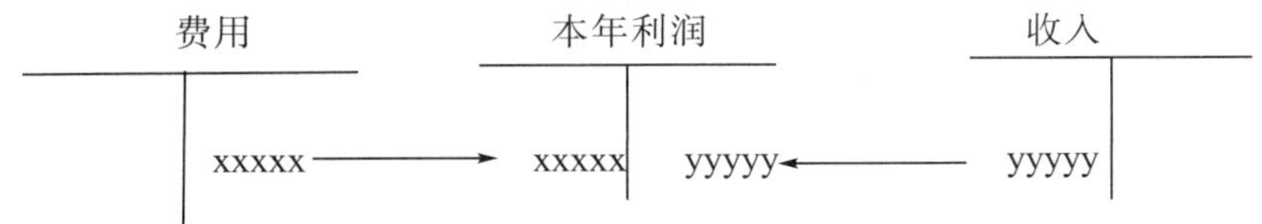

通过结账分录的编制，我们可以实现两个目的：①结清虚账户。②在“本年利润”账户中汇总全部的当期收入和费用，方便计算当期的利润（亏损）。

（四）登记对应账户

结账分录编制完成，就按照要求对应登记入分类账户中。如果是在学习过程中，直接就用简化的T形账户登记，如果是在实际工作中，便是在电脑中直接操作，自动分类归集到各自的账户中。

（五）计算账户余额

涉及结账分录的收入和费用账户经过结账后，余额统一结为零；而本年利润账户则需要计算当期新的余额。

（六）编制结账后余额平衡表

为了检查结账分录和登记账户是否正确，同样，所有的收入和费用账户结为零，本年利润账户有新的余额，这时还要编制一张新的余额平衡表，用以检查结账程序是否正确。如果这张结账后的余额平衡表没有平，那么就回头查找错误，重新做平；如果已经做平，就直接进入下一个环节：编制会计报表。

四、编制会计报表

通常，按月编制出来的报表是月报，按季编制的是季报，按半年编制的是半年报，按年编制的是年报。其中，前面三种报表又称为中期报表。会计报表的内容和编制我们将在以后的课程中详细讲解，此处暂时略过。

五、工作底稿

在手工做账的时代，为了保证期末会计工作的效率，曾经使用过一种手工做的表：工作底稿。工作底稿是将期末要做的一些工作全部汇总在一张大表上，权当草稿，当整张草稿完工检查无误，再登记在正式的会计凭证、账簿和编制正式的会计报表。会计登记、记录等工作一般是不能用铅笔的，只有这张工作底稿可以用铅笔，因为是草稿，所以用铅笔方便修改。

典型的工作底稿如表 3—5 所示。

表 3—5 工作底稿

账户名称	调账前余额		调账分录		调账后余额		结账分录		结账后余额		资产负债表	利润表
	借方	贷方	借方	贷方	借方	贷方	借方	贷方	借方	贷方		
合计												

六、综合案例

下面的案例是对借贷复式记账法的完整使用，通过这个案例，可以了解借贷复式记账法的整个流程。

例：新发现公司是一家专做市场调研的公司，2015 年 6 月 1 日开张，当月发生了以下一些经济业务：

6 月 1 日：所有者老李从个人账户投入 12 000 元进入公司账户，3 000 元作为库存现金。

6 月 1 日：公司购买办公用品 800 元，办公家具 6 000 元；银行存款先支付了 3 500 元，剩下的在 60 天之内再支付。

6 月 2 日：以银行存款支付办公室租金 400 元。

6 月 3 日：和当地 A 公司签订了调研合同，每个月提供市场信息，收费 1 000 元/月，预先收到 2 个月的调研费，存入银行。

6 月 5 日：和当地一家广告公司签订广告合同，每月登广告一次，费用 60 元，已经预付四个月的广告费。

6 月 10 日：为一些客户提供了调研服务，寄出账单 2 400 元。

6 月 14 日：给员工支付两个星期的工资 1 500 元。

6 月 15 日：现金支付老李自己的差旅费 475 元。

6 月 18 日：现金支付当月的调研问卷的邮寄费 160 元。

6 月 22 日：为一些客户提供了调研服务，寄出账单 3 200 元。

6 月 28 日：给员工支付两个星期的工资 1 500 元。

6 月 30 日：收到 4 000 元客户的付款。

6 月 30 日：老李从公司拿出 500 元供自己私人使用。

要求：

1. 设立以下分类账户，其账户序号如下所示：

库存现金（11），银行存款（12），应收账款（13），办公用品（14），预付账款（15），固定资产（16），累计折旧（17），应付账款（21），应付工资（22），预收账款（23），股本（31），业主提款（32），本年利润（33），销售收入（41），工资费用（51），差旅费（55），广告费（52），办公品消耗（53），租金（54），折旧费（56），邮寄费（57）。

2. 为以上经济业务编制会计分录。

3. 编制期末调账前试算平衡表。

4. 期末作调整程序，所需资料如下：

办公用品还剩 360 元，还有未发放的工资 600 元，本月折旧费 75 元，已经提供服务还没寄出账单的有 1 200 元，已经为 A 公司提供了一个月的服务，广告公司已经登出一个月的广告。

5. 完成结账程序。

6. 编制会计报表：资产负债表和利润表。

解：

1. 编制会计分录。

（1）借：银行存款 12 000
　　　　库存现金 3 000
　　　　贷：股本 15 000

（2）借：办公用品 800
　　　　固定资产 6 000
　　　　贷：银行存款 3 500
　　　　　　应付账款 3 300

（3）借：租金 400
　　　　贷：银行存款 400

（4）借：银行存款 2 000
　　　　贷：预收账款 2 000

（5）借：预付账款 240
　　　　贷：银行存款 240

（6）借：应收账款 2 400
　　　　贷：销售收入 2 400

（7）借：工资费用 1 500
　　　　贷：银行存款 1 500

（8）借：差旅费 475
　　　　贷：库存现金 475

(9) 借：邮寄费 160

贷：库存现金 160

(10) 借：应收账款 3 200

贷：销售收入 3 200

(11) 借：工资费用 1 500

贷：银行存款 1 500

(12) 借：银行存款 4 000

贷：应收账款 4 000

(13) 借：业主提款 500

贷：库存现金 500

2. 编制调账前试算平衡表。

试算平衡表（调账前）

账户名称	借方余额	贷方余额
库存现金	1 865	
银行存款	10 860	
应收账款	1 600	
办公用品	800	
预付账款	240	
固定资产	6 000	
累计折旧		
应付账款		3 300
预收账款		2 000
股本		15 000
业主提款	500	
销售收入		5 600
工资费用	3 000	
租金	400	
差旅费	475	
邮寄费	160	
合计	25 900	25 900

3. 编制调账分录

(1) 借：办公品消耗 440

贷：办公用品 440

(2) 借：折旧费 75

贷：累计折旧　75

（3）借：工资费用　600

贷：应付工资　600

（4）借：应收账款　1 200

贷：销售收入　1 200

（5）借：广告费　60

贷：预付账款　60

（6）借：预收账款　1 000

贷：销售收入　1 000

4. 编制调账后试算平衡表。

试算平衡表（调账后）

账户名称	借方余额	贷方余额
库存现金	1 865	
银行存款	10 860	
应收账款	2 800	
办公用品	360	
预付账款	180	
固定资产	6 000	
累计折旧		75
应付账款		3 300
预收账款		1 000
应付工资		600
股本		15 000
业主提款	500	
销售收入		7 800
工资费用	3 600	
租金	400	
差旅费	475	
邮寄费	160	
办公品消耗	440	
折旧费	75	
广告费	60	
合计	27 775	27 775

5. 编制结账分录。

(1) 借：本年利润　　5 210
　　贷：工资费用　　3 600
　　　　租金　　400
　　　　差旅费　　475
　　　　邮寄费　　160
　　　　办公品消耗　　440
　　　　广告费　　60
　　　　折旧费　　75

(2) 借：销售收入　7 800
　　贷：本年利润　7 800

6. 编制结账后试算平衡表。

试算平衡表（结账后）

账户名称	借方余额	贷方余额
库存现金	1 865	
银行存款	10 860	
应收账款	2 800	
办公用品	360	
预付账款	180	
固定资产	6 000	
累计折旧		75
应付账款		3 300
应付工资		600
预收账款		1 000
股本		15 000
业主提款	500	
本年利润		2 590
销售收入	0	
工资费用	0	
租金	0	
差旅费	0	
邮寄费	0	
办公品消耗	0	
折旧费	0	
广告费	0	
合计	22 565	22 565

7. 编制会计报表

利润表

项目	金额
销售收入：	7 800
减：费用	
工资费用	3 600
租金	400
差旅费	475
邮寄费	160
办公品消耗	440
广告费	60
折旧费	75
净利润	2 590

资产负债表

资产		负债及所有者权益	
货币资金	12 725	应付账款	3 300
应收账款	2 800	应付工资	600
办公用品	360	预收账款	1 000
预付账款	180	股本	15 000
固定资产	6 000	本年利润	2 590
累计折旧	(75)	业主提款	(500)
合计	21 990	合计	21 990

现金流量表

期初余额	0
本期收到现金：	21 000
减：支出现金	8 275
现金净流量	12 725
期末余额	12 725

七、案例总结

通过以上案例，我们大致将会计工作流程过了一遍，比较清楚地认识了会计"原材料"加工成"产成品"的全过程。数据的输入到信息的产生，借贷复式记账法贯穿其整个过程，串联起会计的工作理论和实践。会计借贷复式记账法入门似乎难一些，但事实上会计属于重复性工作，工作流程和内容基本不变，只是数字有变动而已。所以一旦入门，上手很快，而且很快就会成为熟练工。

前面的案例是一个很简单的例子，不过仍然能将会计的基本过程表达出来，整体框架是完整的。现实生活中，企业的经济业务要复杂得多，每天记账的工作很多，期末的调账、结账也比本例题复杂，会计报表当然也复杂些。不过，万变不离其宗，基本过程就是这样，无非是多用一些账户、多记几笔账、多算一些数字而已。

事实上，手工做账已经慢慢被淘汰，代之以会计电算化。通过计算机及其软件的引入，完成大部分手工做账的内容，不仅效率高、准确度高，还可以随时随地得到所需要的数据及信息。但我们仍然要交代会计工作的基本流程，是因为了解这个过程，可以帮助我们更好地理解会计数据加工的过程，指导每一个环节的内容，掌握数据流动的方向，知晓数据之间的勾稽关系，从而明白会计报表报送的信息是如何得到，哪些环节会出现什么问题，怎样去解决这些问题。再说明白点，当我们使用会计报表时，如果我们怀疑数据有问题，我们可以知道问题会出在哪里。这一点，无论是对于企业管理者还是企业外部的信息使用者，都是很重要的能力。

第四节　实际工作中的会计核算

一、书本上的会计流程和实际中的会计流程

在学习过程中，为了方便同学们理解和记忆，同时为了方便操作，书本上的会计流程尽可能用书面上比较方便的方式表达，所以我们将实际工作中的会计流程简化为以下的流程及工具：

经济业务—会计分录—会计账户—会计报表

但在实际工作中，以上的流程所用到的工具是以下这些：

原始凭证—记账凭证—会计账簿—会计报表

可以说，除了会计报表在书本上和实际中差不多之外，其余的三样在书本上和实际工作中都有较大的差距。为什么我们要将实际工作中的原始凭证、记账凭证和会计账簿简化为书面书写的经济业务、会计分录和T形账户？

很显然，这是因为要方便书本的讲解，方便学生们的练习和标准化的考试。就像医学院平时的训练要用到模型一样，会计的平时训练，也需要使用一些简化的工具。这就

形成了所谓的“理论和实践的脱节”。但这样的“脱节”事实上是允许的，因为能提高学习的效率。

下面我们就一一讲解实际工作中用到的相对应的工具。

二、会计凭证

（一）会计凭证的定义及分类

会计凭证是用于记录经济业务事项、分清各方责任、按照一定要求编制的用以登记账簿的、具有一定法律效力的书面证明文件。

会计凭证按其编制程序和用途的不同分为原始凭证和记账凭证两种。前者又称单据，后者又称记账凭单。

（二）原始凭证

原始凭证是记录经济业务发生情况的最初的原始书面证明，通常包含时间，金额，经济业务内容（品名、数量、单价等），业务双方名称、地址、纳税人登记号，签名盖章，等等。原始凭证所包括的基本内容包括：①原始凭证的名称；②填制凭证的日期；③凭证的编号；④填制和接受凭证的单位名称；⑤经济业务的基本内容，其中包括经济业务发生的金额；⑥填制单位及有关人员的签章。原始凭证形状不一，内容多样，格式也各有差别。增值税发票、火车票、定额发票、机票行程单、发票存根等等都可以作为原始凭证。

而原始凭证就是在书本学习过程中以文字表达的经济业务，实际工作中所有需要记账的经济活动都必须要有相应的原始凭证，才能登记入账。在实际工作中，原始凭证的质量直接关系到会计核算工作的质量，取得原始凭证作为记账依据，首先必须要审核原始凭证的真伪，其次还要审查时间、内容、金额、印鉴等是否正确、是否符合要求。如果有一项不符合要求，应重新取得符合要求的原始凭证才可以登记入账。

在学习过程中，由于无法提供真实的原始凭证作为编制会计分录的依据，所以，在学习和考试时，都直接采用简化处理，用文字直接描述经济活动情况，比如从银行提取现金 5 000 元备用，这项经济活动在实际工作中是用现金支票的存根和银行的回单作为入账依据的，并不存在文字上的描述。

原始凭证是一种很重要的经济事项的证明文件，具有相应的法律效力，所以原始凭证要认真妥善保管。原始凭证不允许有涂改痕迹，特别是重要的金额、签章等项目；如果原始凭证遗失，则需要相应的证明，并由有关当事人和领导签字盖章认可，才能作为入账依据。

原始凭证又可分为外来原始凭证和自制原始凭证两种类型。

外来原始凭证，是指在与外单位发生经济往来关系时，从外单位取得的凭证。外来原始凭证都是一次凭证。如企业购买材料、商品时，从供货单位取得的发货票，就是外来原始凭证。

自制原始凭证是指在经济业务发生、执行或完成时，由本单位的经办人员自行填制的原始凭证，如收料单、领料单、产品入库单等。自制原始凭证按其填制手续不同，又可分为一次凭证、累计凭证（如限额领料单）、汇总原始凭证和记账编制凭证四种。以下为限额领料单的模板。

××企业

领料单位：　　　　限额领料单　　　　发料仓库：

用途：　　　　×年×月　　　　编号：

材料类别	材料编号	品名及规格	计量单位	单价	全月领用限额	全月实领	
供应部门负责人（签章）				生产计划部门负责人（签章）			

日期	请领		实发			限领节余	退库	
	数量	单位负责人	数量	发料人	领料人		数量	退料单编号
合计								

（三）记账凭证

记账凭证是会计人员根据审核无误的原始凭证或汇总原始凭证，用以确定经济业务应借、应贷的会计科目和金额而填制的，作为登记账簿直接依据的会计凭证。在前面的章节中曾指出，在登记账簿之前，应按实际发生的经济业务的内容编制会计分录，然后据以登记账簿。在实际工作中，会计分录是通过填制记账凭证来完成的。相比原始凭证，记账凭证的格式比较统一和规范。当一段时间结束，手工做账下填制的各种记账凭证就会被整理好并装订成册，加上封面作为会计档案保存。

记账凭证按其适用的经济业务，分为专用记账凭证和通用记账凭证两类。专用记账凭证又分为收款凭证、付款凭证和转账凭证三种。记账凭证的几种类型如图 3－1 至图 3－4 所示。

通用记账凭证　　　　出纳编号

年　月　日　　　　凭证编号

摘要	结算方式	票号	借方科目		贷方科目												
			总账科目	明细科目	总账科目	明细科目	亿	千	百	十	万	千	百	十	元	角	分
附单据		张	合　计														

图 3－1　通用记账凭证

转　账　凭　证

年　月　日　　　　　　　　　　　　转字第 2 号

摘　要	总账科目	明细科目	√	借方金额										√	贷方金额									
				千	百	十	万	千	百	十	元	角	分		千	百	十	万	千	百	十	元	角	分
卖出"0588"公司债券	其他货币资金	存出投资款						6	1	4	0	1	0											
	交易性金融资产																		6	0	0	0	0	0
	投资收益																			1	4	0	1	0
合　计							¥	6	1	4	0	1	0					¥	6	1	4	0	1	0

附单据 2 张

财务主管　　　记账　　　出纳　　　审核　　　制单

图 3－2　转账凭证

表一1　　　　收款凭证

借方科目：银行存款　　　　2006 年 2 月 15 日　　　　银收字第 003 号

摘　要	贷方科目		记账	金额									
	总账科目	明细科目		千	百	十	万	千	百	十	元	角	分
收到投资款	实收资本	宋宁	√		1	0	0	0	0	0	0	0	0
合　计				¥	1	0	0	0	0	0	0	0	0

附件 2 张

财务主管：李凡　　记账：黄秋　　出纳：赵实　　审核：李平　　制单：刘玉

表一2　　　　付款凭证

贷方科目：现金　　　　2006 年 2 月 15 日　　　　现付字第 019 号

摘　要	借方科目		记账	金额									
	总账科目	明细科目		千	百	十	万	千	百	十	元	角	分
张明借差旅费	其他应收款	张明	√					2	0	0	0	0	0

附件 1 张

图 3－3　收款和付款凭证

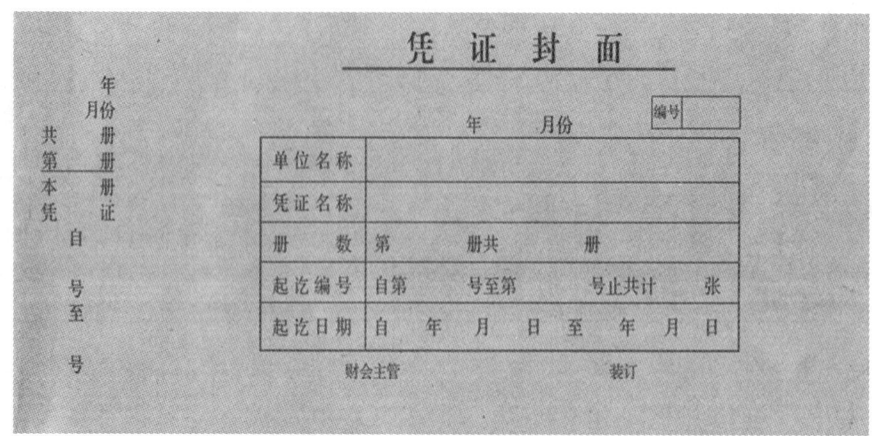

年
月份
共　册
第　册
本册
凭证
自
号至
号

凭 证 封 面

编号

年　月份

单位名称	
凭证名称	
册　　数	第　　册共　　册
起讫编号	自第　　号至第　　号止共计　　张
起讫日期	自　年　月　日　至　年　月　日

财会主管　　　　装订

图 3—4　会计凭证装订封面

（四）记账凭证汇总表

记账凭证汇总表亦称“科目汇总表”，见图 3—5，是定期对全部记账凭证汇总之后形成的会计文档。它是按各个会计科目列示其借方发生额和贷方发生额的一种汇总凭证。依据借贷记账法的基本原理，记账凭证汇总表中各个会计科目的借方发生额合计与贷方发生额合计应该相等，因此，记账凭证汇总表具有试算平衡的作用。记账凭证汇总表是记账凭证汇总表核算形式下总分类账登记的依据。

科目汇总表

2003 年 12 月 1 日至 2003 年 12 月 10 日

科目代码	科目	借方金额											贷方金额										
		千	百	十	万	千	百	十	元	角	分		千	百	十	万	千	百	十	元	角	分	
1001	现金						1	5	0	0	0						1	8	9	6	0	0	
1002	银行存款		3	9	9	0	4	0	0	0	0			1	1	8	0	5	8	8	2	0	
1111	应收票据															2	0	0	0	0	0	0	
1131	应收账款		1	9	8	7	2	5	0	0	0			2	1	9	1	5	5	0	0	0	
1133	其他应收款																1	0	0	0	0	0	
1141	坏账准备															2	8	0	8	0	0	0	
1151	预付账款				5	8	2	6	6	0	0				1	6	2	4	4	6	0	0	
1201	物资采购			8	0	4	9	7	0	0	0				7	1	3	1	5	0	0	0	
1211	原材料			6	8	5	8	0	0	0	0												
1231	低值易耗品				2	0	0	0	0	0	0												

图 3—5　科目汇总表局部（汇总记账凭证表）

之所以要编制记账凭证汇总表，是因为要简化下一步的会计工作。前面讲过，会计的流程是：原始凭证—记账凭证—会计账簿—会计报表。也就是说编制完记账凭证后，下一步就要登记会计账簿了。而记账凭证汇总表的作用就是为了减少登记会计账簿的工作量。举个例子，如果某会计月度 1 日—10 日发生有关库存现金的业务有 35 笔，每笔业务都按要求根据原始凭证分别登记了记账凭证，则会形成 35 张单独的记账凭证。如果将这35张记账凭证一一按顺序登记进入会计账簿，工作量是比较大的。为了简化下一步登记账簿的工作，我们可以将这10天内的35笔有关现金的记账凭证汇合在一起，计算出35笔记账凭证中现金借方发生的总金额和贷方发生的总金额，一次性填入记账凭证汇总表，即科目汇总表里。这样一来，下一步登记会计账簿时，只需要登记一次，这样就大大简化了登记账簿的工作。

需要注意的是，汇总记账凭证主要是汇总某一段期间会计科目的总金额，如果经济业务在一段时间内发生比较频繁，则可以缩短汇总的时间段，比如以往半个月汇总一次，可以改为10天汇总一次。

根据记账凭证的不同，记账凭证汇总表又可分为汇总收款凭证、汇总付款凭证、汇总转账凭证。如果直接将通用记账凭证汇总，则形成记账凭证汇总表，或曰“分录簿”。

需要注意的一个问题是，我们这里提到的以及图示的会计资料，都是基于会计手工操作情况下的标准状态。在现代会计电算化情况下，有些工序是可以简化的。比如，计算机会自动根据原始凭证记录记账凭证，而同时记账凭证的信息和数据会自动转入相应的会计账簿里，并不需要定期汇总再登记。因为计算机并不需要简化工作量，手工操作要花很多时间的工序，计算机瞬间就可完成，所以即便是会计电算化保留了科目汇总表编制这个流程，也并不是为了减少工作量，而是为了进行信息的稽查和汇总工作。

三、会计账簿

（一）会计账簿定义及作用

会计账簿简称账簿，是由具有一定格式、相互联系的账页所组成，用来序时、分类地全面记录一个企业、单位经济业务事项的载体。会计账簿是连续记录具体会计科目发生的经济业务情况的分类信息载体。设置和登记会计账簿，是会计核算重要的基础工作，是连接会计凭证和会计报表的中间环节，是用来反映会计分类信息的重要载体。

账簿是系统地全面地归纳积累会计资料的工具，是分析经济活动情况、进行会计检查的重要依据，是监督财产物资安全完整的重要手段，是定期编制会计报表的基础，是重要的经济档案。

各种账簿的形式和格式多种多样，但均应具备下列组成内容：

封面：主要标明账簿的名称，如总分类账簿、现金日记账、银行存款日记账。

扉页：标明会计账簿的使用信息，如科目索引、账簿启用和经管人员一览表等。

账页：账簿用来记录经济业务事项的载体，其格式随反映经济业务内容的不同而有所不同。其内容应当包括：账户的名称，以及一级科目、二级科目或明细科目；登记账簿的日期栏；记账凭证的种类和号数栏；摘要栏，所记录经济业务内容的简要说明；金额栏，记录经济业务的增减变动和余额；总页次和分户页次栏。

（二）会计账簿的分类

会计账簿按用途可以分为序时账簿、分类账簿和备查账簿，按外表形式可分为订本账、活页账、卡片账。

1. 序时账簿

序时账簿又称日记账，是按照经济业务发生或完成时间的先后顺序逐日逐笔进行登记的账簿。序时账簿是会计部门按照收到会计凭证号码的先后顺序进行登记的。

（1）序时账簿的设置。

①只设置一本通用日记账；

②设置几本特种日记账，再设置一本普通日记账。

（2）序时账簿的基本格式。

序时账簿有两栏式、三栏式、多栏式（专栏式）等多种形式，针对不同的账户需要采用不同的形式，如表3-6、表3-7和表3-8所示。

表3-6 两栏式日记账

年		会计科目	摘要	记账	借方金额	贷方金额
月	日					

表3-7 多栏式日记账

年		摘要	银行存款		现金		其他科目			
月	日		借方	贷方	借方	贷方	科目名称	借	贷	过账

表3-8 借贷余三栏式日记账

年		凭证号		摘要	对方科目	总页	收入	支出	借或贷	余额
月	日	收款	付款							

续表3－8

年		凭证号		摘要	对方科目	总页	收入	支出	借或贷	余额
月	日	收款	付款							

通用日记账或普通日记账实际就是会计分录簿，是按照时间顺序将所发生的经济业务按照记账凭证依次填列出来的账簿；或者就是前面提到的两栏式日记账，基本格式如表3－9所示。

表3－9　会计分录簿

年		序号	摘要	科目	总页	借方金额							贷方金额						
月	日					万	千	百	拾	元	角	分	万	千	百	拾	元	角	分

特种日记账通常用于重要的、经济业务发生时频繁涉及的会计科目，如现金日记账和银行存款日记账。企业如果设置了单独的现金日记账和银行存款日记账，剩下的全部会计科目就只设置一本普通日记账即可。

2. 分类账簿

（1）分类账簿定义及分类。

分类账簿就是每一个会计科目单独做记录的账簿，按其提供核算指标的详细程度不同，分类账簿一般又分为总账账簿和明细账簿两种。总分类账，简称总账，是根据总分类科目开设账户，用来登记全部经济业务，进行总分类核算，提供总核算资料的分类账簿。明细分类账，简称明细账，是根据明细分类科目开设账户，用来登记某一类经济业务，进行明细分类核算，提供明细核算资料的分类账簿。两者的区别是：总账账簿是根据汇总后明细账簿记录的。总账账簿一般采用借、贷、余三栏式，如表3－10所示。

表3－10　总账账簿

总账　　编号：　　　　　　　　会计科目：第　　页

年		凭证号		摘要	对方科日	总页	借	贷	借或贷	余额
月	日	收款	付款							

（2）总账和明细账。

总账按照标准会计科目设置的账户（账簿），用以登记一级会计科目的经济活动价值增减变动情况以及余额，是控制账户。

明细账按照二级或明细科目设置的账户（账簿），用以登记更详细的经济活动情况。明细账是在总账下的细分账户，是被总账统驭的账户，所以又称为被控制账户。

总账和明细账类似于一个国家和下设的省市关系，在价值上看，各省市的总价值等于国家的总价值，同样，各明细账的总值等于总账的价值，在数量金额上对等。

比如，应收账款总账，由于应收账款涉及的对应债务人不止一个，为了详细记录各个债务人的应收账款情况，企业必须在应收账款总账下设置明细账，用以分门别类地记录不同债务人的欠账情况。于是就会形成这样的总账和明细账：应收账款（总账），应收账款—甲企业（明细账），应收账款—乙集团公司（明细账）等。

总账和明细账所反映的经济业务实际是一致的，只是详略程度不同。为保证二者之间的协调和统一性，总账和明细账在会计核算过程中遵循平行登记原则，即来源一致、同时登记、金额相等、方向相同。也就是说，当一项经济业务发生时，编制一笔记账凭证，根据这张记账凭证，我们同时登记总账和相应的明细账。

例：从光明公司收回应收账款 5 000 元，编制的会计分录为：

按照平行登记的原则，记账如下：

借：银行存款　　5 000

　　贷：应收账款——光明公司　5 000

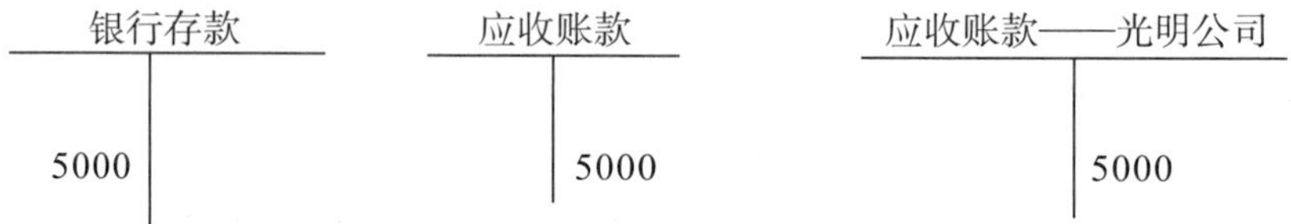

注意，这样的登记不是重复登记，而是平行登记，总账和明细账各登记一次，汇总时只汇总总账的余额，明细账只用来做日常记录，提供明细信息以及期末进行和总账记录的核对稽查。二者之间数据关系如下所示：

总账账户余额=各明细账余额之和

总账借方发生额=各明细账借方发生额之和

总账贷方发生额=各明细账贷方发生额之和

3. 备查账簿

备查账簿又称辅助账簿，是对某些在序时账簿和分类账簿等主要账簿中都不予登记或登记不够详细的经济业务事项进行补充登记时使用的账簿。具体格式如表 3－11 所示。

表 3－11　租入固定资产备查簿

<table>
<tr><th rowspan="2">固定资产名称及规格</th><th rowspan="2">租约号数</th><th rowspan="2">租出单位</th><th rowspan="2">租入日期</th><th rowspan="2">租金</th><th colspan="2">使用情况</th><th rowspan="2">归还日期</th><th rowspan="2">备注</th></tr>
<tr><th>日期</th><th>单位</th></tr>
<tr><td></td><td></td><td></td><td></td><td></td><td></td><td></td><td></td><td></td></tr>
<tr><td></td><td></td><td></td><td></td><td></td><td></td><td></td><td></td><td></td></tr>
<tr><td></td><td></td><td></td><td></td><td></td><td></td><td></td><td></td><td></td></tr>
</table>

四、会计账簿登记的基本要求及更正错账方法

（一）交接和启用的规则

为了保证会计账簿记录的合法性和资料的完整性，明确记账责任，会计账簿应当由专人负责登记。《会计基础工作规范》第五十九条规定：“启用会计账簿时，应当在账簿封面上写明单位名称和账簿名称。在账簿扉页上应当附启用表，内容包括启用日期、帐簿页数、记账人员和会计机构负责人、会计主管人员姓名，并加盖名章和单位公章。”活页式账簿可在装订成册后，填写账簿的起止页数。该规范第五十九条还规定：“记账人员或者会计机构负责人、会计主管人员调动工作时，应当注明交接日期、接办人员或者监交人员姓名，并由交接双方人员签名或者盖章。”这样做，既是明确有关人员责任的需要，也是提高有关人员的责任感和维护会计记录严肃性的需要。

（二）账簿登记的规则

依据《会计基础工作规范》第六十条规定（以下简称《规范》），登记会计账簿的基本要求是：①准确完整；②注明记账符号；③文字和数字必须整洁清晰，准确无误；④正常记账使用蓝黑墨水；⑤特殊记账使用红墨水；⑥顺序连续登记；⑦结出余额；⑧过次页要承前页；⑨登记发生错误时，必须按规定方法更正；⑩定期打印（针对会计电算化）。

（三）更正错账的方法

1. 划线更正法

在结账以前，如果发现账簿记录有错误，而记账凭证没有错误，仅属于记账时文字或数字上的笔误，应采用划线更正法。更正的方法是：先将错误的文字或数字用一条红色横线划去，表示注销；再在划线的上方用蓝色字迹写上正确的文字或数字，并在划线处加盖更正人图章，以明确责任。但要注意划掉错误数字时，应将整笔数字划掉，不能只划掉其中一个或几个写错的数字，并保持被划去的字迹仍可清晰辨认。

2. 红字冲销法

红字更正法是指由于记账凭证错误而使账簿记录发生错误，用红字冲销原记账凭证，以更正账簿记录的一种方法。红字更正法适用于以下两种情况。

第一种情况：记账以后，如果发现账簿记录的错误，是因记账凭证中的应借、应贷会计科目或记账方向有错误而引起的，应用红字更正法进行更正。更正的方法是：先用红字金额填写一张会计科目与原错误记账凭证完全相同的记账凭证，在"摘要"栏中写明"冲销错账"以及错误凭证的号数和日期，并据以用红字登记入账，以冲销原来错误的账簿记录；然后，再用蓝字或黑字填写一张正确的记账凭证，在"摘要"栏中写明"更正错账"以及冲账凭证的号数和日期，并据以用蓝字或黑字登记入账。

例：甲公司购入办公用品 500 元，以银行存款支付。在填制记账凭证时，误记入"库存现金"科目，并已据以登记入账，其错误记账凭证所反映的会计分录是：

借：管理费用　　500

　　贷：库存现金　　500

该项业务的正确会计分录应贷记"银行存款"科目。在更正时，应用红字金额填制一张记账凭证冲销原会计分录，并据以登记入账，冲销原错误的账簿记录。

借：管理费用　　(500)

　　贷：库存现金　　(500)

然后再用蓝字或黑字填制一张正确的记账凭证，并据以登记入账。

借：管理费用　　500

　　贷：银行存款　　500

第二种情况：记账以后，如果发现记账凭证和账簿记录的金额有错误（所记金额大于应记的正确金额），而应借、应贷的会计科目没有错误，应用红字更正法进行更正。更正的方法是：将多记的金额用红字填制一张记账凭证，而应借、应贷会计科目与原错误记账凭证相同，在"摘要"栏写明"冲销多记金额"以及原错误记账凭证的号数和日期，并据以登记入账，以冲销多记的金额。

例：乙企业的生产部门领用一批材料，价值 6 000 元。在填制记账凭证时，误记金额为 60 000 元，但会计科目、借贷方向均没有错误，并已据以登记入账。其错误记账凭证所反映的会计分录是：

借：制造费用　　60 000

　　贷：原材料　　60 000

更正时，应将多记的金额 54 000 元用红字编制如下的记账凭证，并登记入账，从而冲销多记的金额。

借：制造费用　　(54 000)

　　贷：原材料　　(54 000)

3. 补充登记法

记账以后，如果发现记账凭证和账簿记录的金额有错误（所记金额小于应记的正确金额），而应借、应贷的会计科目没有错误，应用补充登记法进行更正。更正的方法是：将少记的金额用蓝字或黑字填制一张应借、应贷会计科目与原错误记账凭证相同的记账凭证，在"摘要"栏中写明"补充少记金额"以及原错误记账凭证的号数和日期，并据以登记入账，以补充登记少记的金额。

第四讲　会计怎么做

——经济业务的会计处理

学习目标

1. 了解会计的基本经济业务
2. 掌握生产型企业经济活动的基本会计处理
3. 注意生产型企业的供、产、销环节的一些细节处理
4. 学会编制三张主要的会计报表

企业经济活动主要有供、产、销三个环节。典型的制造型企业具备完整的供产销环节，而商品流通企业则只具备供和销两个环节。我们以制造型企业为例，看看在复杂的供、产、销三个环节中会计师是如何开展会计工作的。

事实上，会计的借贷复式记账法只在编制会计分录时有一定难度，其余都是机械化的常规处理，没有什么难点。对经济业务编制记账分录也只是难在账户的选取和借贷方的确认。大多数情况下，什么样的经济业务编制什么样的会计分录，在国家或行业组织颁布的会计准则及其指南里有明确规定，并不需要自己动脑筋想，做熟了就没问题，熟能生巧。这一讲内容就是将规则和制度结合具体的简单经济业务例子，让大家熟悉这一流程。

生产制造型企业的供、产、销三项活动所涉及的主要业务如下：

供：采购原材料、固定资产、库存商品、低值易耗品等。

产：料、工、费的归集、分配，产成品和在产品的成本计算。

销：销售、税金、利润计算等。

第一节　供应环节的会计业务

企业的生产经营活动离不开资金、实物、人力等资源的投入。所以，如何获取这些资源是企业开始的第一步。通常，资源的获取有以下几种情况：投资者投入、借入、捐

赠、购买等。我们就利用借贷复式记账法来说明怎样取得生产经营活动所需的资金、物质等资源。一般涉及借贷两边的账户，借方主要是资产类账户，贷方主要是负债和所有者权益类账户，涉及买入资产的贷方账户主要是"银行存款"。

一、资金的获取

（一）实收资本

实收资本是指企业的投资者按照企业章程或合同、协议的约定，实际投入企业的资本。实收资本是投资者作为资本投入企业的各种财产，是企业注册登记的法定资本总额的来源，它表明所有者对企业的基本产权关系。实收资本的构成比例是企业据以向投资者进行利润或股利分配的主要依据。我国实行的是注册资本制，因而，在投资者足额缴纳资本之后，企业的实收资本应该等于企业的注册资本。中国企业法人登记管理条例规定，除国家另有规定外，企业的实收资本应当与注册资本一致。企业实收资本比原注册资本数额增减超过20%时，应持资金使用证明或验资证明，向原登记主管机关申请变更登记。

所有者向企业投入的资本，在一般情况下无须偿还，可以长期周转使用。由于企业组织形式不同，所有者投入资本的会计核算方法也有所不同。除股份有限公司对股东投入的资本应设置"股本"科目外，其余企业均设置"实收资本"科目，核算企业实际收到的投资人投入的资本。

现在，我们来看看企业资金的获得。

通常情况下，一家企业的成立，必须要有投资人。投资人将自己的自有资金投入到企业，成为企业的注册资本。独资、合伙和公司制企业的注册资本金规定各有不同，这一点我们在前面已经简单介绍过，在国家的相关规章制度中也能查到，所以这里就不赘述。投资人投入资本金可以采用货币形式，也可以是实物资源，还可以是无形资产。投入资本金的经济活动通常可描述为：

（1）××股东投入100 000元到公司，资金已到账。

（2）×××从自己的私人账户转了10 000元到公司账户，作为注册资本。

（3）××投入企业设备一台，价值20 000元已到企业。

（4）×××以技术入股，折算价值10 000元。

以上活动的会计分录如下：

（1）借：银行存款　100 000

　　　贷：实收资本　100 000

（2）借：银行存款　10 000

　　　贷：股本　10 000

（3）借：固定资产　20 000

　　　贷：实收资本　20 000

（4）借：无形资产　10 000

　　　贷：实收资本　10 000

记录股东投入资本金的贷方账户主要是实收资本或股本账户，在贷方表示股东权益的增加；同时借方登记资产增加，根据投入的东西不同，分别计入银行存款、固定资产、无形资产等账户。这代表资产和所有者权益同时增加，即资产增加来源于所有者的投入；或者说资产价值的归属权属于所有者。

如果用会计等式来表达，则是：

资产　＝　负债　＋　所有者权益
＋　　　　　　　　　　＋

这种类型的业务属于资产和所有者权益同时增加的业务，即等式两边同时增加，等式的平衡保持不变。

（二）借款

企业资金的获取也可以采取借款的方式取得。借款一般可以向银行等金融机构获得，也可以通过民间借贷获取。借款所形成的是企业的负债，记入负债方。通常的会计分录如下：

借：银行存款
　　贷：短期借款
借：银行存款
　　贷：长期借款

二、固定资产的获取

固定资产是指企业使用期限超过 1 年的房屋、建筑物、机器、机械、运输工具以及其他与生产经营有关的设备、器具、工具等。不属于生产经营主要设备的物品，单位价值在 5 000 元以上，并且使用年限超过 2 年的，也应当作为固定资产。固定资产是企业的劳动手段，也是企业赖以生产经营的主要资产。从会计的角度划分，固定资产一般被分为生产用固定资产、非生产用固定资产、租出固定资产、未使用固定资产、不需用固定资产、融资租赁固定资产、接受捐赠固定资产等。

从增值税抵扣进项税额的购进固定资产的角度讲，固定资产是指：

（1）使用期限超过 1 个会计年度的机器、机械、运输工具，以及其他与生产有关的设备、工具、器具。

（2）使用年限超过 2 年的不属于生产经营主要设备的物品（2007 年新会计准则对固定资产的认定价值限制取消，只要公司认为可以的且使用寿命大于一个会计年度的均可认定为固定资产，按照一定折旧方法计提折旧）。

这里的规定比《企业会计准则》当中的规定范围要小，主要不包括房屋、建筑物等不动产，因为销售房屋、建筑物缴纳营业税，不缴增值税。

一项资产如要作为固定资产加以确认，首先需要符合固定资产的定义，其次还要符合固定资产的确认条件，即与该固定资产有关的经济利益很可能流入企业，同时，该固定资产的成本能够可靠地计量。

固定资产属于生产资料，它的取得一般有几种途径：购买、租赁、投资者投入、捐赠、自建等。根据来源情况，基本的会计分录如下：

借：固定资产
　　贷：银行存款

借：固定资产
　　贷：融资租入固定资产（融资性租赁）

借：固定资产
　　贷：应付租金（经营性租赁）

借：固定资产
　　贷：实收资本

借：固定资产
　　贷：资本公积

借：固定资产
　　贷：在建工程

增值税改革后，固定资产购入所上交的增值税也可以从增值税销项税额中抵扣。所以，如果是购入的固定资产，获得了增值税专用发票，则会计分录为：

借：固定资产
　　应交税金——增值税（进项税额）
　　贷：银行存款

三、流动资产——存货的获取

（一）存货介绍

存货是指企业或商家在日常活动中持有以备出售的原料或产品、处在生产过程中的在产品、在生产过程或提供劳务过程中耗用的材料、物料、销售存仓等。存货区别于固定资产等非流动资产的最基本的特征是：企业持有存货的最终目的是为了出售，不论是可供直接销售，如企业的产成品、商品等；还是需经过进一步加工后才能出售，如原材料等。

存货在同时满足以下两个条件时，才能加以确认。

1. 该存货包含的经济利益很可能流入企业

企业在确认存货时，需要判断与该项存货相关的经济利益是否很可能流入企业。在实务中，主要通过判断与该项存货所有权相关的风险和报酬是否转移到了企业来确定。通常情况下，取得存货的所有权是与存货相关的经济利益很可能流入本企业的一个重要标志。在判断与存货相关的经济利益能否流入企业时，主要结合该项存货所有权的归属情况进行分析确定。

2. 该存货的成本能够可靠地计量

作为企业资产的组成部分，要确认存货，企业必须能够对其成本进行可靠的计量。存货的成本能够可靠地计量必须以取得确凿、可靠的证据为依据，并且具有可验证性。

（二）存货的分类

1. 原材料

原材料指企业在生产过程中经加工改变其形态或性质并构成产品、主要实体的各种原料及主要材料、辅助材料、外购半成品（外购件）、修理用备件（备品备件）、包装材料、燃料等。为建造固定资产等各项工程而储备的各种材料，虽然同属于材料，但是由于用于建造固定资产等各项工程不符合存货的定义，因此不能作为企业的存货进行核算。

2. 在产品

在产品指企业正在制造尚未完工的产品，包括正在各个生产工序加工的产品和已加工完毕但尚未检验或已检验但尚未办理入库手续的产品。

3. 半成品

半成品指经过一定生产过程并已检验合格交付半成品仓库保管，但尚未制造完工成为产成品，仍需进一步加工的中间产品。

4. 产成品

产成品指企业已经完成全部生产过程并验收入库，可以按照合同规定的条件送交订货单位或者可以作为商品对外销售的产品。企业接受外来原材料加工制造的代制品和为外单位加工修理的代修品，制造和修理完成验收入库后，应视同企业的产成品。

5. 库存商品

库存商品指商品流通企业外购或委托加工完成验收入库用于销售的各种商品。

6. 周转材料

周转材料指企业能够多次使用、但不符合固定资产定义的材料，如为了包装本企业商品而储备的各种包装物、各种工具、管理用具、玻璃器皿、劳动保护用品以及在经营过程中周转使用的容器等低值易耗品和建造承包商的钢模板、木模板、脚手架等其他周转材料。但是，符合固定资产定义的周转材料，应当作为固定资产处理。

（三）存货的取得

存货的取得渠道一般有两种：外购的存货、通过进一步加工而取得的存货。

1. 外购的存货

外购存货的成本包括购买价款、相关税费、运输费、装卸费、保险费以及其他可归属于存货采购成本的费用。涉及增值税的，类似固定资产增值税的处理，其进项税额可以抵扣，所以买入记账时应单独列示。其余发生的费用，如运输费、装卸费、保险费以及其他可归属于存货采购成本的费用全部计入材料的成本。

例：购买原材料，买入还未到货入库时：

借：材料采购

  应交税金——增值税（进项税额）

  贷：银行存款

入库时：

借：原材料

  贷：材料采购

购买商品：

借：库存商品

  应交税金——增值税（进项税额）

  贷：银行存款

2. 通过进一步加工而取得的存货

通过进一步加工取得的存货一般是自行生产的存货，包括产成品、半成品等。自行生产的存货的初始成本包括投入的原材料或半成品、直接人工和按照一定方法分配的制造费用。

这类自行生产的存货一般可以记账为：

借：产成品

  贷：生产成本

（四）存货的采购程序

存货的采购一般需要以下流程：请购、采购、入库、领用。在每一个环节，会计上都需要有相应的原始单据作为记账的凭证，而各个部门也需要相应的单据作为责任依据。缺乏凭证，就相当于缺乏法律文件，一旦出了问题，就没有说服力。一般情况下，存货的采购需要如下的单据：

（1）请购申请（Purchase requisition）。

（2）订货单（Purchase order）。

（3）收货单（Goods received note）。

（4）购货发票（Purchase invoices）。

（5）送货单（Delivery note）。

（6）出库单（领用单）。

案例：

某公司的订货程序如下：当工厂或某一个部门需要原材料、固定资产或其他用品时，主管人员只需要电话告诉采购部门，采购部门就编制一式两份的订货单，其中一份寄给供货商，另一份存档。供货商开出的发票直接送往采购部门。当商品运到企业时，由收货部人员负责清点和检验，并编制一份收货单送给采购部，采购部经理把收货单连同存档的订货单一起附在发票上，如果没有差错，就在发票上盖“同意付款”，并签名，一起送给会计部门。会计部门依此作账。到了付款日，会计把凭单交给经理签字，然后开出支票付款。

问：请问该公司现行的购货程序是否存在漏洞？怎样弥补？

（五）存货的发出计价方法

企业的存货品种繁多，是重要的流动资产，占有较多的资金，需要精细化管理来降低成本。存货的成本计价不仅涉及产品的生产成本，还会影响当期费用，进而直接影响利润；同时没有消耗或出售的存货成本，会影响到当期的资产余额信息。存货计价方法不同，对纳税人的应税所得和应纳税额有直接的影响。存货计价方法的选用是企业纳税筹划的重要内容。

之所以会产生存货计价方法选择的问题，根源在于：一般的企业都不可能一次性地将所有需要的存货全部买进，存货是企业分期分批购入或自产的，不同时间不同批次，外购或自制的价格或成本很多时候是会改变的。比如说，2 月 2 日买入一批原材料，单价 5 元/公斤；2 月 10 日买入同样型号一批原材料，但由于涨价，价格是 5.5 元/公斤；12 日生产产品消耗一部分原材料。那么问题就是：消耗的这部分原材料构成了产品的生产成本，究竟是用 5 元钱记账还是 5.5 元呢？不同单价的选取，会导致不同的生产成本，进而导致不同的存货成本和销售成本，从而影响到利润和资产的信息。

为了解决这个问题，会计理论和实务界制订了“存货发出计价方法”，确定了很多方法供企业采用，主要有个别计价法、移动加权平均法、一次加权平均法、先进先出法、后进先出法、标准成本法等。这些方法，解决了面对不同成本的存货，如何确认发出的存货价格问题。在这些方法中，企业可以根据自身实际情况选定一个，但不要经常性改变存货发出计价方法，以免影响纳税、对外信息的报送等后续工作。

1. 个别计价法

个别计价法是指每次发出存货的实际成本按其购入时的实际成本分别计价的方法。

个别计价法的成本计算准确符合实际情况，但在存货收发频繁情况下，其发出成本分辨的工作量较大。

2. 移动加权平均法

移动加权平均法是指在每次进货以后，立即为存货计算出新的平均单位成本，作为下次发货计价基础的一种方法。公式为：

加权平均单价＝（收入存货前结存存货实际成本＋本期收入存货实际成本）/（收入存货前结存存货数量＋本期收入存货数量）

本期发出存货实际成本＝本期发出存货数量×加权平均单价

采用移动加权平均法能够使管理当局及时了解存货的结存情况，计算的平均单位成本及发出和结存的存货成本比较客观。但由于每次收货都要计算一次平均单价，计算工作量较大，对收发货较频繁的企业不适用。

3. 一次加权平均法

一次加权平均法又称全月一次加权平均法，是指以本月全部进货数量加月初存货数量作为权数，去除当月全部进货成本加本月初存货成本，计算出存货的加权单位成本，以此为基础计算当月发出存货的成本和期末存货成本的一种方法。公式为：

加权平均单价=（期初结存存货实际成本+本期收入存货实际成本）/（期初结存存货数量+本期收入存货数量）

本期发出存货实际成本=本期发出存货数量×加权平均单价

期末存货成本=期初结存存货实际成本+本期收入存货实际成本-本期发出存货实际成本

一次加权平均法较上述两种方法简便，有利于简化成本计算工作，但不利于存货成本的日常管理和控制。

4. 先进先出法

先进先出法是以先购入的存货应先发出这一实物流转假设为前提，对发出存货进行计价的方法。采用这种方法，先购入的存货成本在后购入存货成本之前转出，据此确定发出存货和期末存货成本。这种方法实物流转和价值流转完全一致，都是"先进来的先出去"，存货成本一定是最新的。

5. 后进先出法

后进先出法是实物流转和价值流转相反，实物还是先进来的先出去，但价格是按后进来的先出去来确定，这样一来，实物还是旧的先发出去，存下来的都是最新的，符合企业实际操作情况；而成本则是最新的最先确认发出入账，留下来的存货成本则是最早的价格。

下面我们用一个例题来说明移动加权平均法、一次加权平均法、先进先出法、后进先出法的计算及对会计信息的影响。

例：某企业B材料明细账资料如下，试分别用先进先出法、后进先出法、移动加权平均法和一次加权平均法计算材料的发出成本。

计量单位：公斤　　价格单位：元

日期	摘要	收			发			存		
		数量	单价	金额	数量	单价	金额	数量	单价	金额
1日	期初余额							200	2.20	440
10日	买入	100	2.10	210						
18日	发出				150			150		
20日	买入	300	2.00	600				450		
25日	发出				400			50		
31日	期末余额							50		

答案：

1. 先进先出法：

150×2.20＋（50×2.20＋100×2.10＋250×2.00）

＝330＋820

＝1 150（元）

期末存货成本＝440＋210＋600－1 150＝100（元）

2. 后进先出法：

(100×2.10＋50×2.20）＋（300×2.00＋100×2.20）

＝320＋820

＝1 140（元）

期末存货成本＝440＋210＋600－1 140＝110（元）

3. 移动加权平均法：

10 日加权平均单价＝（440＋210）/（200＋100）＝2.17（元）

18 日发出：2.17×150＝325（元）

20 日加权平均单价＝（2.17×150＋600）/（150＋300）＝2.06（元）

25 日发出：2.06×400＝824（元）

合计：325＋824＝1 149（元）

期末存货成本＝440＋210＋600－1 149＝101（元）

4. 一次加权平均法：

31 日加权平均单价＝（440＋210＋600）/（200＋100＋300）＝2.08（元）

本月发出存货成本＝2.08×550＝1 146（元）

期末存货成本＝440＋210＋600－1 146＝104（元）

通过上面的例题，我们可以看出：在不同的方法下，计算出来的存货发出成本和期末余额都不相同。存货发出计价方法对会计利润及资产的影响如下：

（1）存货发出计价方法—存货发出成本—产品生产成本—产品销售成本—利润。

（2）存货发出计价方法—存货发出成本—产品生产成本—产品存货成本—流动资产—总资产。

由于发出成本要影响当期利润，而期末存货成本影响当期资产负债表，所以上述四种方法带来的影响各不相同。以上题目是处于一种价格持续下降的情况，所以比较四种方法，先进先出法的发出成本最高，导致利润最低；期末存货成本最低，即资产价值最低；后进先出法的成本最低，导致利润最高；期末存货成本最高，即资产价值最高；加权平均法介于两者之间。但如果情况相反，存货的买价不是在下降，而是在升高，即出现通货膨胀的现象，那么四种方法带来的影响正好相反。这时候，用后进先出法能带来最为稳健的利润和资产余额，有利于企业遵循谨慎性原则。不过，后进先出法也有助于企业调节当期利润，所以我国不允许使用后进先出法，而国际上很多国家是可以使用的，国际会计准则也没有禁止。

（六）存货收、发、存过程中的其他问题

1. 存货的溢余与短缺

理论上而言，存货的实物和账面记录应该是一致的，即账实相符；但存货在采购和保管过程中会出现主观和客观造成的账实不符。如果存货实物与账面记录相比较，实物多于账面金额，则称为"存货溢余"；如果正好相反，则是"存货短缺"。比如，白糖买入1 000公斤，库存记录也是1 000公斤，但由于存放在库房受潮，导致盘点时库存是1 002公斤，那么多出来的2公斤就是客观造成的溢余。再比如，保管人员监守自盗，导致存货损失，这就是主观导致的存货短缺。对于这两种情况，会计上专门设置了一个账户用于记录账面和实物之间的差额，即"待处理财产损益"。当发生溢余时，则作如下记录：

借：存货

　　贷：待处理财产损益

如果找到了发生的原因，则将暂记的金额转到对应的账户中。比如属于查不清原因的增加，则直接冲销管理费用：

借：待处理财产损益

　　贷：管理费用

当发生短缺时，则作如下记录：

借：待处理财产损益

　　贷：存货

如果找到了发生的原因，则将暂记的金额转到对应的账户中。比如属于查不清原因的减少，则直接增加管理费用：

借：管理费用

　　贷：待处理财产损益

如果有人负责赔偿损失，则作记录如下：

借：其他应收款

　　贷：待处理财产损益

这样一来，待处理财产损益账户就结清了，一般情况，这个账户属于临时性账户，需要及时清理，不可长期挂账。从性质上看，它属于损益类账户，借方（左边）记录损失（短缺金额），右边记录利得（溢余金额）；清理时则从相反的方向结转，从而保证账户清零。

另外，在存货购买入库时发生的溢余和短缺，则采用如例题中的方法处理。

例：企业买入一批原材料，数量100公斤，单价10元/公斤，入库时发现多了10公斤。经查明是对方多发货，退回对方。

借：原材料　1 100

　　贷：材料采购　1 000

　　　　应付账款　100

借：应付账款　100

贷：原材料 100

例：企业买入一批原材料，数量 100 公斤，单价 10 元/公斤，入库时发现少了 10 公斤。经查明是对方少发货。(1) 要求对方补发货；(2) 对方退款。

借：原材料 900 (10 元/公斤×100 公斤)

应收账款 100

贷：材料采购 1 000

(1) 借：原材料 100

贷：应收账款 100

(2) 借：银行存款 100

贷：应收账款 100

如果入库时发现短缺，又无法查明原因，则做如下记录：

借：原材料 1 000 (90 公斤×11.11 元/公斤)

贷：材料采购 1 000

也就是说总金额 1 000 元不变，数量按实际入库量 90 公斤记录，而原材料的单价自动调高为：1000 元/90 公斤=11.11 元/公斤。

2. 存货的盘存制度

对存货实物收、发、存及会计账面的记录有两种方法：永续盘存制（账面盘存制）、定期盘存制（实地盘存制）。

这两种方法解决的实际上是存货的数量确认问题，有别于之前提到的存货发出计价方法，那是解决存货的单价问题。

之所以会有这样两种方法，是因为针对不同存货的特点，采用不同的方法，既可以节约时间精力财力，又可以提高管理的效率。

永续盘存制和定期盘存制的主要内容及区别如表 4-1 所示。

表 4-1 存货的两种盘存制度对比表

	永续盘存制	定期盘存制
内容	日常对每一笔存货的收、发、存在账面上进行详细的记录；期末实地盘点，以保证账实相符	平时只对存货的收进行详细记录，账面上不记录存货的发出；期末进行实地盘点确认实物的数量，作为期末余额直接记录到账面
特点	账面记录很清楚，收、发、存一目了然；方便直接计算发出成本和随时结出余额，不必等到期末；期末盘点的主要目的是核对账实是否相符 所用的计算公式为： 期初余额+本期增加-本期发出=期末余额	平时只有收到的记录，没有发出，就无法随时得出存货发出成本和余额；期末盘点的主要目的就是得到期末的存货数量，进而倒推出本期发出存货的成本，而且实际余额就是账面余额 所用的计算公式为： 期初余额+本期增加-期末余额=本期发出
优点	账面记录清楚完整，期末盘点的实际余额可以和账面余额核对，加强对实物的管理，找出账实不符的原因	账面记录简单，有效率，节约时间

续表4—1

	永续盘存制	定期盘存制
缺点	账面记录比较繁琐	不利于对存货的管理，出现存货非正常的短缺是查不出来的
适用存货类型	所有类型的存货	鲜活物品、收发比较频繁、金额不大、不是很重要的存货

3. 共同费用的分摊

有些存货在收、发、存过程中会有一些共同费用发生，按照"谁受益，谁承担；受益多，承担多"的原则，选取合适的分摊标准将共同费用分摊给不同的受益对象。

例：从某工厂购入A材料1 000公斤，单价10元，B材料2 000公斤，单价50元，运输费共300元，按重量分配运费，材料已验收入库。

材料采购费用分配表

	分配标准	分配率	分配额
A材料	1 000公斤	0.1元/公斤	100元
B材料	2 000公斤		200元
合计	3 000公斤		300元

于是，这笔会计分录可记为：

借：原材料——A材料　10 100

　　原材料——B材料　100 200

　　贷：材料采购　110 300

（七）存货的实物管理：ABC管理法

ABC管理法是指选择一定的标准，将所管理的对象分为A、B、C三类，按不同类别采取重视程度不同的管理方式。

存货的ABC管理法将存货按对企业生产经营的重要性、占用金额大小、数量的多少这三种分类标准分为A、B、C三类，针对不同类型采用精细程度不同的管理方式，如表4—2所示。

表4—2　存货ABC管理法的分类标准

分类	重要性	金额比率	数量比率
A类存货	很重要	70%左右	10%左右
B类存货	重要	20%左右	20%左右
C类存货	不太重要	10%左右	70%左右

对于A类存货采用最严格的管理法，C类最简单，B类介于中间。比如A类一般采用永续盘存制，C类就可以采用定期盘存制。

第二节　生产环节的会计业务

一、生产环节成本介绍

生产型企业会计核算的重点和难点在于生产产品的投入产出过程的核算。在财务会计的普遍处理中，采用权责发生制进行资产的计价，对产品的生产成本采用的是完全成本法，或者称为吸收成本法或者是制造成本法。在这种方法下，企业的全部成本分为两大类：制造成本（生产过程中的成本）和期间费用。产品的制造成本包括在生产领域中发生的直接和间接的料、工、费三项，具体分为三类：直接材料成本、直接人工成本、制造费用（生产过程中的间接成本）。

在这里，有必要解释一下什么是直接成本、什么是间接成本。一般情况下，按照会计核算的要求，一家制造型企业成本费用的发生领域分为生产领域和非生产领域。生产领域即产品从原材料投入变为产成品所要经过的物理地域，非生产领域则是企业的行政管理及服务部门。生产领域和非生产领域发生的成本费用按其发生情况分为直接成本和间接成本。直接成本是指在生产领域发生的可以直接归属于某种产品，构成产品成本主体的耗费；间接成本是指在生产领域发生的不能够直接归入某种产品的耗费和在非生产领域发生的各种耗费。非生产领域的间接成本不进入产品生产成本，只有生产领域的耗费才能构成产品的制造成本（如图 4－1 所示）。

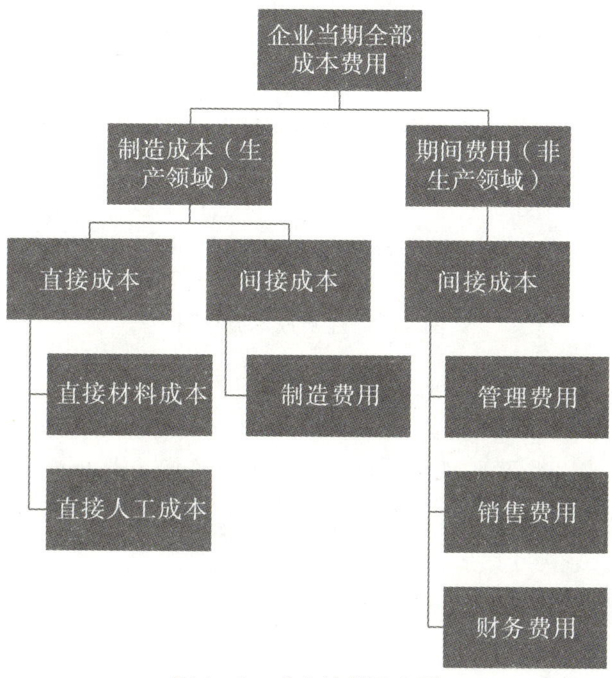

图 4－1　成本计算示意图

在非生产领域发生的成本作为间接成本比较好理解，因为这些耗费不会进入产品成本。但在生产领域为何有直接成本和间接成本的区别呢？这是因为很多企业生产的是多种产品，比如宝洁公司，生产海飞丝、飘柔、潘婷等同类不同品牌的产品，其成本和售价各不相同，但在生产过程中用到了很多共同的设备和人工，发生了很多需要共同承担的耗费，这些共同的成本费用就不能直接归入某一种产品中，只能是在发生时先归集，期末汇总后再分配给不同产品。因此，在生产领域不同产品共同耗费的成本就作为间接成本。

总结一下，在非生产领域发生的成本都是间接成本；在生产领域发生的既有直接成本也有间接成本；生产领域的直接成本一定是要在成本发生时可以直接归属到一种产品上，也就是说只有一个受益对象。

凡是属于直接成本的就直接记入"生产成本"账户；在生产领域发生的间接成本就先计入"制造费用"账户，期末再分配给不同产品进入对应的"生产成本"账户；在非生产领域发生的间接成本记入"管理费用""销售费用""财务费用"等期间费用账户。

生产成本是计算存货成本和销售成本的基础，如果期初没有产品存货，则本期生产的产品成本就构成了当期期末存货成本和当期销售成本。存货卖出去了，存货成本就转变为当期的销售成本，流程如图4－2所示。

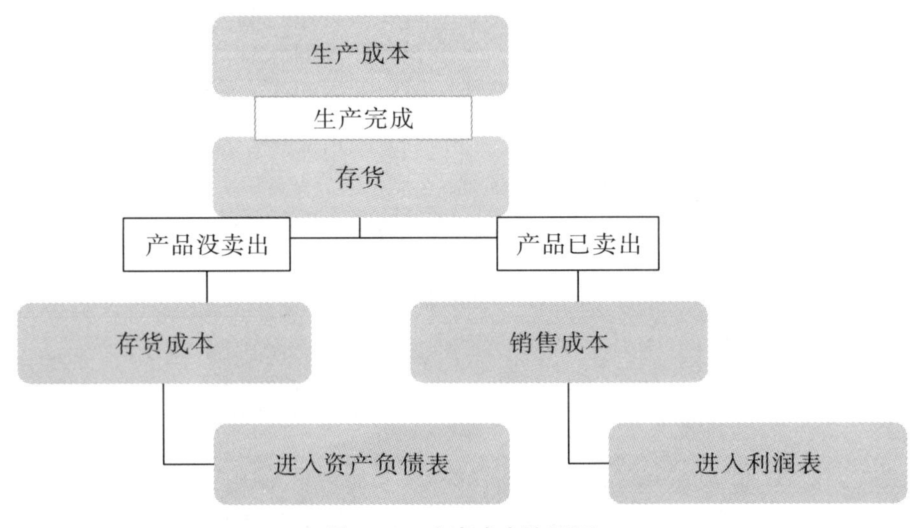

图4－2 生产成本流程图

在同一个时期，如果只有一种产品，没有期初存货，则：

单位生产成本＝单位存货成本＝单位销售成本

生产总成本＝存货总成本＋销售总成本

例：某企业生产一种产品，当期无期初存货，当期生产了1 000件，销售了600件。单位直接材料：5元。单位直接人工：5元。单位制造费用：8元。

单位产品生产成本＝5＋5＋8＝18元

单位存货成本＝18元

单位销售成本＝18元

生产总成本＝18×1 000＝18 000

销售总成本＝18×600＝7 800

存货总成本＝18×400＝7 200

生产总成本 18 000＝销售总成本 10 800＋存货总成本 7 200

二、生产成本核算

（一）成本费用核算基本账户

在生产环节，会计核算所用到的主要账户有生产成本、制造费用、预提费用、待摊费用、产成品、管理费用、营业费用、财务费用等，主要用于核算生产过程中的成本和费用，方便计算产品（劳务）的成本，以便编制报表和计算利润。

（二）组织成本核算应划清的界限

1. 划清资本性支出和收益性支出的界限

资本性支出和收益性支出的关键区别在于入账时是作为“资产”还是“费用”。比如，企业购进一台设备，价值 50 000 元，预计使用年限 10 年。这项支出 50 000 元，就是资本性支出，记账时应记为：

借：固定资产　50 000

　　贷：银行存款　50 000

随着资产的使用，其耗费的价值逐渐转移到当期的费用中，假设每年转移 1/10，即 5 000 元，则每年承担该项固定资产的折旧费为 5 000 元，记账时应记为：

借：制造费用　5 000

　　贷：累计折旧　5 000

收益性支出则是直接作为支出期的费用入账，比如，本月支付办公室水电费 5 000 元，则入账为：

借：管理费用　5 000

　　贷：银行存款　5 000

2. 划清营业支出和营业外支出的界限

营业性支出和营业外支出的划分比较好辨认，凡是属于企业正常生产经营活动所产生的支出就是营业性支出，偶然发生、与企业正常生产经营活动无关的支出就是营业外支出。比如，企业为生产产品消耗的原材料支出就是营业性支出，而因为剩余了一批材料用不上将其卖掉，所产生的销售成本就是营业外支出。营业性支出记入对应的成本费用账户，而营业外支出则专门计入“营业外支出”账户，单独核算。

3. 划清产品成本和期间费用的界限

产品的生产成本和期间费用的区别及分类我们在后面的课程中会陆续讲到，这里就不再赘述。

4. 划清本期产品和下期产品成本的界限

通常企业的生产经营是一个连续的过程，而会计核算则是分期进行。这就会带来一个现象：本期的一些开支是为下一期的产品发生的，比如本期投入的成本费用涉及期末未完工产品，则期末未完工产品所分配到的成本会带到下一期，成为下一期产品成本。

5. 划清不同产品成本的界限

通常情况下，很多制造型企业会同时生产不同类型的产品。比如之前提到的宝洁公司，生产的洗发水有飘柔、潘婷、海飞丝等不同种类，这些产品在生产过程中会涉及使用同样的设备、人员等，有共同费用的发生，为客观计算不同产品的真实成本，有必要将共同费用进行合理分配。所以，要清楚地划分不同产品的成本。

6. 划清产成品和在产品成本的界限

本期投入的成本费用涉及期末产成品和未完工产品，由于产成品和未完工产品所消耗的资源有差别，而且未完工产品的成本会递延到下一期作为下一期的成本，因此，期末做好产成品和在产品成本的分配就很重要了，这个问题我们后面会专门涉及。

三、吸收成本法下成本的核算流程

（一）材料成本核算

凡是构成产品主体所耗费的材料成本都可作为直接材料成本入账，比如生产汽车消耗的钢材、配置的轮胎等，生产服装消耗的布料，生产家具所消耗的木材，等等。一些辅助材料要看具体情况再确认是否作为直接材料成本，如果辅助材料并不只针对这一种产品，则先计入间接成本，最后再摊销进入生产成本。

材料成本也分为直接材料成本和间接材料成本，其分类方式我们之前已经介绍过了，实际上是按照"直接成本"和"间接成本"的分类。直接材料成本进入"生产成本"账户，而间接成本则根据发生情况分别计入"制造费用""管理费用""销售费用"等账户。

例：发出材料一批，单价10元/公斤，其中，第一车间直接生产A产品消耗1 000公斤，生产B产品消耗500公斤；车间维修机器消耗200公斤，企业总部维修消耗100公斤。

借：生产成本——A产品　10 000
　　生产成本——B产品　5 000
　　制造费用　2 000
　　管理费用　1 000
　　贷：原材料　18 000

（二）人工成本核算

人工成本主要是员工的基本工资和薪酬，包括计件工资、计时工资、奖金、津贴或补贴、加班加点工资、特殊情况下支付的工资等。

基本工资主要是两种：计件工资和计时工资。下面我们分别讲一下两种工资的区别。

1. 计时工资

计时工资是按工作时间计算和发放的工资类型，比如一天工作 8 小时，日工资 200 元；那么工作 10 天工资就是 1 600 元，则企业为此发生的工资成本就是 1 600 元。如果企业给定的是月薪或年薪，则我们在会计上需要计算小时工资率。

例：某人年薪 48 000 元，每年应工作 40 个星期，每星期工作 40 个小时。

小时工资率＝48 000/（40×40）＝30（元/小时）

为什么要计算小时工资率呢？有以下两个原因。

（1）方便会计上产品成本计算。因为单位产品生产成本的计算，需要计算单位人工成本，单位人工成本的计算是以单位产品消耗的小时数为计量基础的。比如，单位人工成本是 50 元/小时，生产一种产品需要 2 个人工小时，则这件产品的单位人工成本就是 50 元/小时×2 小时＝100 元。

（2）方便进行会计上工资费用的核算和发放。如果员工有事假、病假耽误了上班时间，要扣除工资；休息时或节假日的加班加点工作，需要多支付加班加点工资。不论是要扣的还是要多支付的工资，其计算基础就是小时工资率。在中国，节假日加班会付双倍或三倍工资，这个“双倍”或“三倍”就是基于基础的小时工资标准计算的。比如，一个员工的小时工资率是 50 元/小时，如果本周他加班了 5 个小时，则应多发的加班加点工资就是：50 元/小时×5 小时＝250 元。

2. 计件工资

给定单位产品或服务的工资率，按产品或服务的总数量来计算的工资就是计件工资。

例：某厂工人生产产品采用计件制，每件支付 5 元，本月该厂工人一共提供了 5 000件产品，则应支付工资费用多少？

5 元/件×5 000 件＝25 000 元

3. 计时工资和计件工资的区别

计时工资以时间为基础，计件工资以数量为基础，计量基础不一致导致两种工资体制对员工的激励情况不同。如果是需要数量的企业，则适合于采用计件工资制；如果是需要质量很高的企业，则适应于采用计时工资制。但计件工资容易导致员工为了数量忽略质量，而计时工资则容易导致员工的消极怠工。不同类型的企业以及企业内部不同部门，都应选取最适合的工资体系，没有所谓最好，只有最适合。在同一企业，生产部门适合采用计件制，而研发部门适合采用计时制。企业应该结合实际需要制定不同的工资制度，既要保质量又要有一定数量。

例：聘用两个粉刷匠粉刷一间屋子，采用什么样的工资计量方法对雇主最有利？

这种情况下，采用计件工资比较好。当然为保证粉刷质量，事前要说好质量标准，并同时需要安排质量监管和验收。

4. 其他薪酬

员工的基本工资之外还有其他一些薪酬，包括奖金、加班加点工资、补贴、津贴、绩效工资等。这些薪酬的核算和发放也是企业人工成本的一个重要组成部分，根据员工薪酬发生的性质和范围，分为直接人工成本和间接人工成本，分别记入不同的成本费用账户。

前面已经介绍过直接人工成本和间接人工成本的区别，在产品生产过程中发生的可以直接对应到某种产品的人工成本作为直接人工成本，其余的作为间接人工成本。直接人工成本记入“生产成本”账户，非直接人工成本则计入“制造费用”或“管理费用”等账户。所以，正确计算和区分人工成本是会计成本费用核算的一个重要部分。

例：企业本月工资为：生产 A 产品的工人 20 000 元，生产 B 产品的工人 10 000 元；车间管理人员 5 000 元，行政管理人员 6 000 元，销售部门工资费用 5 000 元。

借：生产成本——A 产品　20 000
　　生产成本——B 产品　10 000
　　制造费用　5 000
　　管理费用　6 000
　　销售费用　5 000
　　贷：应付职工薪酬　46 000

5. 工资的发放

企业的“应付职工薪酬”是记录员工的工资成本，而实际发放给员工的是扣除各种应扣项目之后的金额。员工应扣的项目主要有个人所得税、五险一金、事假病假应扣工资等，剩余的才是实际发放的金额。但一定记住，扣发之前的才是企业的工资成本。

（三）制造费用

制造费用是在生产过程中发生的间接成本，在吸收成本法下，制造费用是产品生产成本不可或缺的一个组成部分。具体而言，制造费用包括生产部门管理人员的工资费用、折旧费用、维修费用等发生在生产加工过程中，但不能直接进入某种生产对象上的费用。

在会计核算上，就用“制造费用”账户来核算。“制造费用”是一个一级账户，下面应根据生产部门设置明细账户，比如制造费用——一车间、制造费用——二车间等。

例：本月计提折旧费，车间 5 000 元，管理部门 3 000 元。

借：制造费用　5 000

管理费用　3 000

贷：累计折旧　8 000

制造费用平时按发生地点归集间接成本，到期末时汇总好的制造费用则选取一定的标准分配给受益对象，即经过这个发生地点的各类产品。期末制造费用的分配标准一般可选取生产工人工时（定额工时）、机器工时、生产工人工资、原材料消耗数量、产品产量等，分配标准的选择也是由企业根据自身实际需要来选，尽可能选取符合产品消耗水平的标准，保证“谁受益，谁承担，受益多，承担多”的原则。具体计算如下：

制造费用分配率＝车间制造费用总额/各产品选定分配标准之和×100％

某种产品应负担的制造费用＝该产品分配标准的数额×制造费用分配率

例：某企业有A、B两个车间，生产甲和乙两种产品。本月A车间归集的制造费用是32 560元，甲产品在A车间消耗的机器工时为3 000小时，乙产品在A车间消耗的机器工时为1 070小时。

制造费用分配率

项目	生产工时	分配率	分配金额
甲产品	3 000		24 000
乙产品	1 070		8 560
合计	4 070	8	32 560

会计分录为：

借：生产成本——甲产品　24 000

　　生产成本——乙产品　8 560

　　贷：制造费用　325 600

期末制造费用分配完毕结转后，账户余额应为零，下一期重新开始记录新的一期发生的金额，这样就不会将前后期的制造费用弄混淆。

（四）期末生产成本在完工产品和在产品之间的分配

本期基本生产费用的归集：

期初在产品成本＋本期生产费用＝本期完工产品成本＋期末在产品成本

为什么会存在期末产成品和在产品？这是因为企业的生产是连续的，但会计核算是定期的。每月月末，会计上要结账，计算当期的成本费用，好将信息汇总到相应的会计报表上，以便提供定期的会计信息。而当期投产的产品并不一定就在月底结账时正好全部完成，有些排在前面已经完成，有些排在后面的就还没有完工。本期期末结账时还没有完工的就是在产品，要等下一期继续加工，而本期已经完工的就是产成品，可以计算生产成本并转入库房准备销售。由于本期的成本费用是为这一批产品投入的，而在产品和产成品的消耗实际并不相同，所应承担的成本费用也不一样，这就涉及期末将本期归集好的生产成本在产成品和在产品之间分配的问题。分配的一个要点就是公平。为了保证产成品和在产品成本分配的合理性，选择的分配方法很重要。一般而言，期末生产成本在完工产品和在产品之间的分配方法主要有两种：定额成本计算法和约当产量计算法。

1. 定额法

定额法是指在期初时给定在产品（产成品）的标准单位成本，期末扣减掉在产品（产成品）标准成本后，剩下的实际成本就归在产成品（在产品）上。

例：全部生产费用 8 855 元，在产品 50 件，产成品 200 件。在产品单位定额：原材料 34 元，工资费用 2.5 元，制造费用 1.1 元。

在产品定额成本＝（34＋2.5＋1.1）×50＝1 880（元）

产成品成本＝8 855－1 880＝6 975（元）

2. 约当产量法

约当产量法的基本原理是把产成品的成本作为标准，即价值单位 1，在产品按完工程度折算成相当于产成品标准成本价值的百分比，就是约当比率，按这个约当比率分配成本。比如，如果在产品完工程度是 30%，那么其约当率就是 30%，意味着其成本价值相当于 30%的产成品。假如一件产成品需要 10 元的成本，则一件在产品就是 3 元的成本。按照这个约当率把全部在产品数量折合成产成品的约当数量，再将总成本按这个数量进行分配，最终算出在产品和产成品的成本。约当产量法的基本步骤如下：

第一步：计算完工率，从而确定约当率。

如果题目中直接告知了完工率，那么就直接用这个完工率作为约当率；如果没有直接告诉，则需要计算得出。下面的例题会有相应的计算过程。

第二步：计算在产品约当数量。

在产品约当数量＝在产品实际数量×约当率

第三步：计算单位约当量应分配的成本。

第四步：计算产成品和在产品的成本。

具体计算过程如下例。

例：某企业生产 A 产品需经三道工序，第一工序工时定额为 20 人工小时，第二工序工时定额为 30 人工小时，第三工序工时定额为 50 人工小时。当月生产 A 产品情况为：完工产品 200 件，第一工序在产品 50 件，第二工序在产品 100 件，第三工序在产品 80 件，本月期初余额为零，累计投入原材料费用 86 000 元（原材料系开工时一次投入），累计制造费用 30 000 元，累计人工费用 60 000 元。试将它们用约当产量法在完工产品和在产品之间进行分配。

解：

第一工序约当率＝（20×50%）÷（20＋30＋50）＝10%

第二工序约当率＝（20＋30×50%）÷（20＋30＋50）＝35%

第三工序约当率＝（20＋30＋50×50%）÷（20＋30＋50）＝75%

在产品约当产量＝10%×50＋35%×100＋75%×80＝100（件）

原材料分配率＝86 000÷（200＋50＋100＋80）＝200（元/件）

制造费用分配率＝30 000÷（200＋100）＝100（元/件）

人工费用分配率＝60 000÷（200＋100）＝200（元/件）

完工产品成本＝（200＋100＋200）×200＝100 000（元）

在产品成本＝（86 000＋30 000＋60 000）－100 000＝76 000（元）或＝200×230＋100×100＋200×100＝76 000（元）

单位产成品成本＝500（元/件）

单位在产品成本＝76 000/（50＋100＋80）＝330.43（元/件）

用约当产量法进行计算时要注意以下几个问题：

（1）产成品的实物数量和约当量是完全一致的，在产品的实物数量和约当量不一致。

（2）正常情况下成本费用的分配是按产品的约当数量进行的。

（3）原材料如果是一次性投入或在产品和产成品的消耗量是一致的，则原材料就按实物量进行分配。

（4）如果产品的生产是分步骤，每一步骤的完工程度不一样，则要分步计算在产品的完工率和约当产量。

（5）期初有在产品余额的，要考虑期初结转的在产品成本和本期新投入的成本融合的问题（这个问题在其他教材中会涉及，本书就只涉及期初余额为零的情况）。

期末结账时会计分录为：

借：产成品（或：库存商品）

　　贷：生产成本

生产成本期末余额就是本期在产品的成本，自动递延至下一期，作为期初成本。

（五）小结

在吸收成本法下，产品生产成本的计算主要是两方面：归集和分配。归集主要是在料工费发生时，把直接成本归进“生产成本”账户，把间接成本归集到“制造费用”等账户；分配主要是“制造费用”分配给各种产品，将本期成本在产成品和在产品之间分配。

四、练习题

某企业生产甲、乙两种产品，乙产品期初余额是零，没有期初在产品。乙产品本月投产 90 件，期末完工 50 件，未完工产品（在产品）40 件。本月发生的经济业务如下：

（1）车间领用材料 14 240 元，其中甲产品用掉 5 320 元，乙产品用掉 8 920 元，车间维修消耗 2 050 元，总经办消耗 1 825 元。

（2）用现金支付车间的办公费用 220 元，厂部 307 元。

（3）用银行存款支付本月车间水电费 1 560 元，厂部 1 210 元。

（4）用银行存款支付下一季度的财产保险费 1 830。

（5）购买一台机器，价值 50 000 元。

(6) 摊销本月保险费，车间370元，厂部240元。

(7) 本月工资计算结果：生产工人工资34 000元，其中生产甲产品工人13 000元，乙产品工人21 000元；车间管理人员11 000元，厂部办公人员8 000元。

(8) 本月资产折旧费：车间5 200元，厂部2 600元。

要求：按约当产量法计算本月乙产品的产成品和在产品的成本。

(制造费用按生产工人工资比例分配；乙产品原材料系一次性投入，其余成本费用约当率50%)

解：

第一步：成本费用归集。

生产成本——甲产品：5 320+13 000=18 320（元）

生产成本——乙产品：8 920+21 000=29 920（元）

制造费用：2 050+220+1 560+370+11 000+5 200=20 400（元）

第二步：分配。

制造费用分配率

项目	生产工人工资	分配率	分配金额
甲产品	13 000		7 800
乙产品	21 000		12 600
合计	34 000	0.6	20 400

乙产品本期全部成本：29 920+12 600=42 520（元）

乙产品在产品期末约当产量：40×50%=20（件）

原材料分配率：8 920/90=99.11（元/件）

人工费分配率：21 000/70=300（元/件）

制造费用分配率：12 600/70=180（元/件）

产成品总成本：(99.11+300+180)×50=28 955.5（元）

在产品总成本：(8 920+21 000+12 600)−28 955.5=13 564.5（元）

第三节　销售环节的会计业务

销售环节主要涉及以下几个问题：收入的确认、商业折扣及销售折让、现金折扣、增值税、商品的成本结转、收款、退换货等。

一、收入

销售活动会产生收入，这是企业经营活动的主要结果。

（一）收入的概念

我国现行制度采用的是狭义的收入概念，即收入是指企业在日常活动中形成的、会导致所有者权益增加的、与所有者投入资本无关的经济利益的总流入。所涉及的收入，包括销售商品收入、提供劳务收入和让渡资产使用权收入。

（二）收入的确认原则

销售商品的收入只有同时符合以下四项条件时，才能加以确认：

（1）企业已将商品所有权上的主要风险和报酬转移给购货方。

（2）企业既没有保留通常与所有权相联系的继续管理权，也没有对已售出的商品实施控制。

（3）与交易相关的经济利益很可能流入企业。

①与交易相关的经济利益主要表现为销售商品的价款；

②实务中，企业售出的商品符合合同或协议规定的要求，并已将发票账单交付买方，买方也承诺付款，即表明销售商品的价款能够收回；

③如企业判断价款不能收回，应提供可靠的证据。

（4）相关的收入和成本能够可靠地计量。

①收入能否可靠地计量，是确认收入的基本前提；

②成本不能可靠计量，即使其他条件均已满足，相关的收入也不能确认。

（三）收入的入账

一般来说，正常的销售可分为预售、现售、赊销等三种情况，在不考虑税金等情况下，会计分录分别如下：

借：银行存款

　　贷：预收账款

借：银行存款

　　贷：主营业务收入

借：应收账款

　　贷：主营业务收入

二、增值税

增值税是以商品（含应税劳务）在流转过程中产生的增值额作为计税依据而征收的一种流转税。从计税原理上说，增值税是对商品生产、流通、劳务服务中多个环节的新增价值或商品的附加值征收的一种流转税。实行价外税，有增值才征税，没增值不征税。我国采用国际上普遍采用的税款抵扣的办法，即根据销售商品或劳务的销售额，按规定的税率计算出销售税额，然后扣除取得该商品或劳务时所支付的增值税款，也就是进项税额，其差额就是增值部分应交的税额，这种计算方法体现了按增值因素计税的原则。由于增值税实行凭增值税专用发票抵扣税款的制度，因此对纳税人的会计核算水平要求较高，要求能够准确核算销项税额、进项税额和应纳税额。

增值税的税率，适用于一般纳税人的目前有17%、13%、11%和6%四档税率；小规模纳税人统一按3%的征收率计征；对一些特定的一般纳税人，则适用6%、5%、4%、3%四档征收率。

在会计核算上，一般设置"应交税费——应交增值税"账户，下面设置"进项税额""销项税额"等明细科目，销项税额和进项税额的差额，才是企业实际应该上缴的增值税。

例：某企业销售商品一批，不含税价50 000元，增值税17%，货款已经收存银行，货物成本35 000元，已发到对方。

借：银行存款　58 500

　　贷：主营业务收入　50 000

　　　　应交税费——应交增值税（销项税额）8 500

借：主营业务成本　35 000

　　贷：库存商品　35 000

三、商业折扣、销售折让、现金折扣

（一）商业折扣及销售折让

商业折扣是发生在销售过程中，由卖方给予买方的一种价格优惠。这个折扣是买卖双方事先在合同上确认好的，发票上直接就按折扣后的金额填写，税金也按折扣后的金额计算。所以销售方的营业收入也就是折扣后的净价。

销售折让一般发生在购销活动要完成时，由于买方发现货物不符合要求，买方在不退货的情况下，由卖方给予的经济上的让步。折让发生后，卖方直接冲减应收账款或银行存款，同时冲减营业收入账户，抵消这一部分的的销售折让。会计分录如下：

借：主营业务收入

　　贷：应收账款（或银行存款）

（二）现金折扣

现金折扣是卖方在赊销的情况下，为了鼓励买方尽快付款而给予对方的一种优惠付款的财务政策。一般双方会在合同中列明现金折扣的折扣额，采用以下方式：（2%，10；1%，20；n，30）。这种专业表达方式的含义是：10天之内付款，可享受净价2%的折扣；20天之内付款，可享受1%的折扣；20天以后再付，就是总净价，没有现金折扣。一般情况下，买家为了获得这样的现金折扣，都会积极地在优惠期间尽早付款。会计上有两种处理方法可供选择，一是总价法，二是净价法。但我国会计法明确规定，针对现金折扣采用总价法。

1. 现金折扣的账务处理

（1）销售成立时。

借：应收账款

贷：主营业务收入

应交税费——应交增值税（销项税额）

（2）购货方在折扣期内付款。

借：银行存款（折扣后的金额）

财务费用（价款×折扣率）

贷：应收账款（总的应收款）

（3）折扣期满对方付款。

借：银行存款

贷：应收账款

四、成本结转

销售实现时，商品或劳务的成本也应同时结转为销售成本，一般采用“主营业务成本”账户来核算。会计分录如下：

借：主营业务成本

贷：库存商品（产成品）

计算应结转的成本时，可配合前面讲到的存货成本发出计价方法。目前一般采用个别计价法、先进先出法、一次加权平均法等方法，再结合存货的盘存制度（实地盘存制和账面盘存制），最终确认本期发出存货的销售成本。

五、销售退回

如果销售过程中或销售完毕后，对方实行退货，则按照反方向记录，相当于冲销了以前的入账记录。会计分录如下：

借：主营业务收入

应交税费——应交增值税（销项税额）

贷：应收账款（或者：银行存款）

借：库存商品（产成品）

贷：主营业务成本

第四节 会计报告

一、概述

期末提供会计报告是会计循环的最后一个环节，也是一定期间结束后的总结。所以，会计报告就反映了会计工作的全部结果，这个结果要报送给各级管理者以及企业外部的信息使用者，也就是各种利益相关者。信息的作用在于帮助决策，好的信息能够帮助使用者做出最佳决策。会计信息以标准的会计报告方式提供，以便使用者能更好地运用这些信息。前面的章节我们已经介绍了好的信息应该有哪些特点以及会计报告的基本内容，这一部分我们将深入研究会计报告提供的方式和内容以及一些需要注意的事项。

二、会计报告

会计报告通常是指财务会计报告，是指企业对外提供的反映企业某一特定日期财务状况和某一会计期间经营成果、现金流量等以财务信息为主的文件。会计信息必须以一定的方式和格式传递给信息使用者，会计报告就是把按照各种会计核算方法确认、计量、记录的资产、负债、所有者权益、收入、费用和利润的数据编制成财务报表，向使用者提供有关企业财务状况、经营成果、现金流量的信息。

会计报告包括财务会计报表、财务会计报表附注和财务情况说明书。财务会计报表主要包括资产负债表、利润表、现金流量表及相关附表。财务会计报表附注是为了便于会计报表使用者理解会计报表的内容而作的解释。财务情况说明书是对企业生产经营、财务等重要情况作进一步的文字说明。财务会计报告对投资者、债权人的经济决策有着重要的作用。

现行财务会计报告采用的是在价值法指导下的通用财务会计报告模式。在这种模式下，报告单位通过收集、加工、整理、计算、汇总等一系列财务会计程序产生通用的财务会计报告。

三、会计报表

会计报表是根据日常会计核算资料定期编制的，综合反映企业某一特定日期财务状况和某一会计期间经营成果、现金流量的总结性书面文件。它是企业财务报告的主要部分，是企业向外传递会计信息的主要手段。现在的会计报表是企业的会计人员根据一定时期（例如月、季、年）的会计记录，按照既定的格式和种类编制的系统的报告文件。

为了反映企业利益相关者所需要的信息，会计报表包括三张主表和相应的附表。三张主表分别是资产负债表、利润表和现金流量表，附表包括主营业务收支明细表、应交增值税明细表、利润分配表等。

资产负债表反映企业的财务状况，利润表反映企业的经营成果，现金流量表反映企业的现金状况；三张报表各司其职，从不同角度反映一个会计主体在一个特定时间段的财经信息，可供信息使用者用于投资、借款、生产经营等活动的决策。

会计报表：按照不同分类要求，可以分为以下几种：

（1）主表和附表。

（2）静态报表和动态报表。

（3）月报、季报、半年报和年报，前面三种也统称为中期报表。

由于对外提供信息需要遵循可比性，所以对外报表是有比较严格的规范和要求的。编制和提供会计报表需要注意以下几个方面。

（一）报表提供的时效性

一般情况下，月报需要在月份结束后六天内报出，季报在季度结束后十天内报出，年报在年度结束后四个月之内报出。上市公司的年报要求在第二年的 4 月 30 日前报出，否则将要停牌。所以我们会发现在 4 月 30 日前几天会有大量上市公司的年报集中报出。

（二）报表提供的数据真实可靠

为了保证会计信息的真实可靠，通常会计报表正式报送之前会经过审计。注册会计师的专业审计是一个很重要的环节，至少上市公司的报表是必须经过会计师审计的。一般情况下，根据审计报告实际上也是可以看出公司财务问题的。如果上市公司迟迟无法出具审计报告或者报告是有保留意见的，一家公司频繁地更换注册会计师或会计师事务所，那么可能这家公司的报表就有问题。当然，就算审计师出具了无保留意见的审计报告，也并不代表这家公司的报表就没有问题。

会计报表提供的数据信息因为涉及信息使用者的决策，而通常这些决策事关决策者的经济利益，因此客观真实的信息是会计报表的核心要求。但很遗憾，一些企业出于种种目的，会有意调整会计报告的数据，将信息的理解朝向对自己有利的方向。

各国会计准则、会计制度、会计要求的不一致导致了会计报表结果的不同，企业也乐于利用会计上的漏洞来打擦边球，获取自己需要的结果。美国的“安然事件”就是一起利用会计制度漏洞而发生的重大会计舞弊案件，导致几家公司破产倒闭，众多投资人血本无归，最后直接带来了美国萨氏法案的颁布。

中国上市公司也常有出事的，每年证监会都会处罚很多会计报告不合格的上市公司。只要留心观看一下证券财经类报纸杂志，就可获得这方面的很多案例。

（三）提供报表的规范性

报表的编制、报送、存档都有标准的程序和流程，应该按照国家相关部门的要求进行编制、报送及存档。

四、会计报表附注

会计报表附注是会计报表的重要组成部分，是对会计报表本身无法或难以充分表达的内容和项目所作的补充说明和详细解释。之所以重要，是因为它能给出会计主表不能或无法给出的信息。

五、三张会计报表的勾稽关系

初学会计者会认为三张会计报表之间没有什么关联，实际上这种观点是错误的。报表的数据来源是一致的，只是最终的归属不一样。三张报表是从不同角度来反映同一个会计主体的经济活动的结果。三者之间的数据联系如图 4—3 所示。

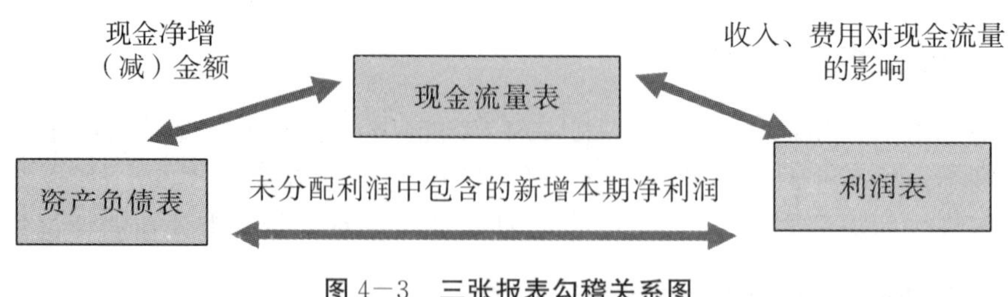

图 4－3　三张报表勾稽关系图

资产负债表和利润表的联系在于利润表的最终结果，净利润要进入资产负债表的所有者权益，作为当期所有者权益的增加额。所以，如果利润表的计算有问题，会导致资产负债表编不平，资产负债表编不平，意味着有错误的存在。

资产负债表的优势在于只要"资产"与"负债+所有者权益"不相等，就意味着有错误。所以资产负债表具有自我检查的功能，可以提醒编制者是否存在错误。当然，知道出错还不够，还得把错误找到，直至资产负债表编平。这对初学者而言常常是"无法完成的任务"。不过，如果前面的工作做得好，账户记录准确无误，编制报表算是比较容易的技术活。

一般初学者觉得资产负债表似乎好编一些，但事实上如果利润表的计算结果不正确，将直接导致资产负债表编不平。资产负债表的项目较多，涉及的账户也较多，还有明细账的调整汇总等等，又受制于利润表的编制结果影响，所以很不容易编平。

对于初学者而言，一般情况下，应该先编制利润表，再编制资产负债表，最后是现金流量表。

现金流量表是最不容易编制的一张报表，因为平时是按照权责发生制登记账户，进行会计核算，而现金流量表是按现金收付制编制，所以期末需要将权责发生制转换为现金收付制。

编制现金流量表主要依靠平时的货币资金账户，包括库存现金、银行存款、交易性金融资产等。之所以现金流量表不容易编制，就在于平时这些有关现金流动的项目记录是分散的，需要在期末时寻找、归集并汇总。

一种比较合适的办法就是平时用一个草稿类的账本专门记录涉及现金流动的内容，期末时就只需要汇总，这样期末编制现金流量表的工作难度就大大降低了。

六、会计报表的内容及编制

（一）资产负债表

1. 资产负债表定义

资产负债表又叫平衡表，顾名思义，它是强调"平衡"关系的报表。资产负债表是反映企业在某一特定日期财务状况的会计报表，它表明企业在某一特定日期所拥有或控制的经济资源、所承担的现有义务和所有者对净资产的要求权。简单地说，资产负债表是指在期末反映会计主体在某一个特定时点财务状况的报表。企业的财务状况包括三个要素：资产、负债及所有者权益。资产负债表反映的是这三种会计要素的基本情况，是企业经营活动的静态体现，根据“资产=负债+所有者权益”这一平衡公式，依照一定的分类标准和一定的次序，将某一特定日期的资产、负债、所有者权益的具体项目予以适当的排列编制而成。

2. 资产负债表作用

资产负债表是一张重要的报表，它能反映企业的以下信息：

(1) 反映企业资产的构成及其状况，分析企业在某一日期所拥有的经济资源及其分布情况。资产代表企业的经济资源，是企业经营的基础，资产总量的高低一定程度上可以说明企业的经营规模和盈利基础大小。企业的结构即资产的分布，企业的资产结构反映其生产经营过程的特点，有利于报表使用者进一步分析企业生产经营的稳定性。

(2) 反映企业某一日期的负债总额及其结构，分析企业目前与未来需要支付的债务数额。负债总额表示企业承担债务的多少，负债和所有者权益的比重反映了企业的财务安全程度。负债结构反映了企业偿还负债的紧迫性和偿债压力，通过资产负债表可以了解企业负债的基本信息。

(3) 反映企业所有者权益的情况，了解企业现有投资者在企业投资总额中所占的份额。实收资本和留存收益是所有者权益的重要内容，反映了企业投资者对企业的初始投入和资本累计的多少，也反映了企业的资本结构和财务实力，有助于报表使用者分析、预测企业生产经营安全程度和抗风险的能力。

3. 资产负债表基本结构和内容

资产负债表一般有表首、正表两部分。其中，表首概括地说明报表名称、编制单位、编制日期、报表编号、货币名称、计量单位等。正表是资产负债表的主体，列示了用以说明企业财务状况的各个项目。

资产负债表正表的格式一般有两种：报告式资产负债表（表 4—3）和账户式资产负债表（表 4—4）。

报告式资产负债表是上下结构，上半部列示资产，下半部列示负债和所有者权益。具体排列形式又有两种：一是按“资产=负债+所有者权益”的原理排列，二是按“资产−负债=所有者权益”的原理排列。账户式资产负债表是左右结构，左边列示资产，右边列示负债和所有者权益。不管采取什么格式，资产各项目的合计等于负债和所有者权益各项目的合计这一等式不变。

在我国，资产负债表采用账户式，也就是左右对称式。

表 4—3　资产负债表（报告式）

	资产	
流动资产	×××	
长期资产	×××	

续表4－3

	资产	
固定资产	×××	
无形资产	×××	
递延税项	×××	
其他资产	×××	
资产合计		×××
	负债	
流动负债	×××	
长期负债	×××	
负债总计		×××
	股东权益	
实收资本	×××	
资本公积	×××	
盈余公积	×××	
未分配利润	×××	
股东权益合计		×××

表4－4 资产负债表（账户式）

会企01表		
编制单位：××有限公司	20××年×月×日	单位：元

资产	期末余额	年初余额	负债和所有者权益（或股东权益）	期末余额	年初余额
流动资产：			流动负债：		
货币资金			短期借款		
交易性金融资产			交易性金融负债		
应收票据			应付票据		
应收账款			应付账款		
预付款项			预收款项		
应收利息			应付职工薪酬		
应收股利			应交税费		
其他应收款			应付利息		
存货			应付股利		

续表4－4

资产	期末余额	年初余额	负债和所有者权益（或股东权益）	期末余额	年初余额
一年内到期的非流动资产			其他应付款		
其他流动资产			一年内到期的非流动负债		
流动资产合计			其他流动负债		
非流动资产：			流动负债合计		
可供出售金融资产			非流动负债：		
持有至到期投资			长期借款		
长期应收款			应付债券		
长期股权投资			长期应付款		
投资性房地产			专项应付款		
固定资产			预计负债		
在建工程			递延所得税负债		
工程物资			其他非流动负债		
固定资产清理			非流动负债合计		
生产性生物资产			负债合计		
油气资产			所有者权益（或股东权益）：		
无形资产			实收资本（或股本）		
开发支出			资本公积		
商誉			减：库存股		
长期待摊费用			盈余公积		
递延所得税资产			未分配利润		
其他非流动资产			所有者权益（或股东权益）合计		
非流动资产合计					
资产总计			负债和所有者权益（或股东权益）总计		

在资产负债表上各个项目的排列顺序是有讲究的，一种是“流动列前”，另一种是“固定列前”。我们国家采用的是“流动列前”，也就是在资产和负债的项目排列时，流动性越强、变现能力越强、期限越短的应排在前面，以此类推。所以大家可以看到，在我国的标准资产负债表上，流动资产排在资产最前部分，其中货币资金又是排在第一位的。但有些国家是按照固定列前的方式排列项目，比如在英国，会计报表上的资产就是固定资产列在最前面。

4. 资产负债表的编制

(1) 基本编制方法。

采用比较式资产负债表，应该有期初余额和期末余额两个数，期初余额是上一期的期末余额。

资产负债表上的各个项目是根据账户的期末余额而来，这些账户主要是实账户，也就是资产、负债、所有者权益三大要素下面的账户。大多数情况下，是根据这些对应的总账账户的期末余额直接填列，但一些项目需要几个总账账户计算填列，还有个别项目需要总账账户和下属明细账户计算分析填列。

①根据总账账户余额直接填列。

资产负债表中"交易性金融资产""工程物资""固定资产清理""短期借款""应付票据""应付职工薪酬""应付利息""应付股利""应交税费""其他应付款""实收资本""资本公积""盈余公积"等，根据账户期末余额直接填列。这些项目中"应交税费"等负债项目，如果其相应账户出现借方余额，应以"－"号填列；"固定资产清理"等资产项目，如果其相应的账户出现贷方余额，也应以"－"号填列。

②根据总账账户期末余额计算填列。

资产负债表中一部分项目的"期末余额"需要根据有关总账账户的期末余额计算填列：

"货币资金"项目，应根据"库存现金""银行存款"和"其他货币资金"账户的期末余额合计填列。

"存货"项目，应根据"材料采购（或在途物资)""原材料""周转材料""库存商品""委托加工物资""生产成本"等账户的期末余额之和，减去"存货跌价准备"账户期末余额后的金额填列。

"固定资产"项目，应根据"固定资产"账户的期末余额减去"累计折旧""固定资产减值准备"账户期末余额后的净额填列。

"无形资产"项目，应根据"无形资产"账户的期末余额减去"累计摊销""无形资产减值准备"账户期末余额后的净额填列。

"在建工程""长期股权投资"和"持有至到期投资"项目，均应根据其相应总账账户的期末余额减去其相应减值准备后的净额填列。

"未分配利润"项目，应根据"本年利润"账户和"利润分配"账户的期末余额计算填列，如为未弥补亏损，则在本项目内以"－"号填列，年末结账后，"本年利润"账户已无余额，"未分配利润"项目应根据"利润分配"账户的年末余额直接填列，贷方余额以正数填列，如为借方余额，应以"－"号填列。

"长期待摊费用"项目，应根据"长期待摊费用"账户期末余额扣除其中将于一年内摊销的数额后的金额填列，将于一年内摊销的数额填列在"一年内到期的非流动资产"项目内。

"长期借款"和"应付债券"项目，应根据"长期借款"和"应付债券"账户的期末余额，扣除其中在资产负债表日起一年内到期且企业不能自主地将清偿义务展期的部分后的金额填列。在资产负债表日起一年内到期且企业不能自主地将清偿义务展期的部分通过流动负债类下的“一年内到期的非流动负债”项目反映。

③根据明细账户期末余额分析计算填列。

资产负债表中一部分项目的“期末余额”应根据有关明细账户的期末余额计算填列：

“应收账款”项目，应根据“应收账款”账户和“预收账款”账户所属明细账户的期末借方余额合计数，减去“坏账准备”账户中有关应收账款计提的坏账准备期末余额后的金额填列。

“预付账款”项目，应根据“预付账款”和“应付账款”账户所属明细账户的期末借方余额合计数，减去“坏账准备”账户中有关预付款项计提的坏账准备期末余额后的金额填列。

“应收票据”“应收股利”“应收利息”“其他应收款”项目，应根据各相应账户的期末余额，减去“坏账准备”账户中相应各项目计提的坏账准备期末余额后的金额填列。

“应付账款”项目，应根据“应付账款”账户和“预付账款”账户所属明细账户的期末贷方余额合计数填列。

“预收款项”项目，应根据“预收账款”账户和“应收账款”账户所属明细账户的期末贷方余额合计数填列。

（2）具体编制方法。

①“货币资金”项目。

本项目应根据“库存现金”“银行存款”和“其他货币资金”三个账户的期末余额合计填列。

②“交易性金融资产”项目。

本项目应根据“交易性金融资产”账户的期末借方余额直接填列。

③“应收票据”项目。

本项目应根据“应收票据”总账账户期末余额填列。

④“应收账款”项目。

本项目应根据“应收账款”“预收账款”账户各明细账户的期末借方余额合计数减去相应的坏账准备账户的贷方余额后按应收账款净额填列。

本项目应注意对应收账款项目，不能根据“应收账款”总账账户直接填列，因为应收账款的明细账有的是借方余额，借方余额反映的是应收账款；有的可能是贷方余额，贷方余额反映的是预收账款，应加计在“预收账款”项目内填列。

还要注意，如果企业“预收账款”明细账户期末有借方余额也属于应收账款，应加计在本项目内。

另外要注意，应收账款应按净额填列，所以如果其调整账户即“坏账准备”账户有贷方余额，应予扣除。

⑤“预付账款”项目。

本项目应根据“预付账款”“应付账款”两个账户所属的各明细账户的期末借方余额合计填列。“预付账款”账户的明细账中如果期末有贷方余额，反映的是“应付账款”，应加计在“应付账款”项目内填列。

但“应付账款”明细账户期末如果有借方余额，则反映的是“预付账款”，应加计在“预付账款”项目内填列。

⑥“应收利息”“应收股利”两个项目应分别按照“应收利息”“应收股利”两个总账账户的余额直接填列。

⑦“其他应收款”项目。

本项目应根据“其他应收款”“其他应付款”两个账户所属明细账户的借方余额合计数，减去“坏账准备”账户中为“其他应收款”计提的坏账准备后的余额填列。

注意：本项目也不能根据总账账户直接填列，因为其他应收款明细账户也可能发生贷方余额。贷方余额反映的是“其他应付款”，应加在流动负债的“其他应付款”项目填列。“其他应付款”账户期末如果有借方余额，应加计在“其他应收款”项目填列。

⑧“存货”项目。

本项目应根据“材料采购”“原材料”“周转材料”“委托加工物资”“开发产品”“发出开发产品”“周转房”“开发成本”等账户的借方余额合计数填列。如果对存货已经提了跌价准备，应按扣除已提的跌价准备后的金额填列。如果材料采用计划成本计价的，还应按加减材料成本差异后的金额填列。

⑨“一年内到期的非流动资产”项目。

企业如有准备在一年内处置的“可供出售金融资产”、一年内到期的“持有至到期投资”、需要在一年内摊销的“长期待摊费用”等，应在本项目内填列。其中“可供出售金融资产”按照该账户余额扣除相应减值准备余额后的净额填列，“持有至到期投资”按照该账户余额扣除相应减值准备余额后的净额填列。

⑩“其他流动资产”项目。

如果在各流动资产项目以外出现了其他流动资产，可在本项目内填列。

⑪“流动资产合计”项目。

本项目根据上述各项流动资产项目的金额合计数填列。

⑫“可供出售金融资产”项目。

本项目应按照该账户余额扣除相应减值准备余额后的净额填列。

⑬“持有至到期投资”项目。

本项目应根据“持有至到期投资”账户的余额扣除减值准备余额以后的净额填列。

⑭“长期股权投资”项目。

该项目应根据“长期股权投资”总账账户的余额扣除减值准备余额后的净额填列。

⑮“投资性房地产”项目。

本项目根据“投资性房地产”账户的余额减去“投资性房地产累计折旧（摊销）”和“投资性房地产减值准备”以后的余额填列。

⑯“固定资产”项目。

本项目应根据“固定资产”账户的期末余额减去“累计折旧”“固定资产减值准备”等调整科目余额后的净额填列。

⑰“在建工程”项目。

本项目应根据“在建工程”账户的余额填列。如已经计提了“在建工程减值准备”，应按扣除减值准备以后的金额填列。

⑱“工程物资”项目。

本项目反映企业为进行固定资产建设而储备的各项工程物资的实际成本，应根据“工程物资”账户的期末余额填列（注意为产品开发而准备的物资属于原材料，不包括在本项目内）。

⑲“固定资产清理”项目。

本项目应根据“固定资产清理”账户的期末借方余额填列。该账户如为贷方余额，应以“－”号填列。

⑳“无形资产”项目。

本项目应根据“无形资产”账户的借方余额减去“累计摊销”、“无形资产减值准备”账户的贷方余额后的净额填列。

㉑“长期待摊费用”项目。

本项目应根据“长期待摊费用”账户的期末余额减去需要在一年内摊销的数额后的金额填列。

㉒“递延所得税资产”项目。

本项目按照“递延所是税资产”账户余额扣除相应减值准备余额后的净额填列。

㉓“其他非流动资产”项目。

本项目应根据“其他非流动资产”科目的余额填列。

㉔“非流动资产合计”项目。

本项目根据上述各项非流动资产项目的金额合计数填列。

㉕“资产总计”项目。

本项目应将“流动资产合计”与“非流动资产合计”两个项目的金额总计在一起填列。

㉖“短期借款”项目。

本项目应根据“短期借款”账户的期末余额直接填列。

㉗“应付票据”项目。

本项目应根据“应付票据”账户的期末余额直接填列。

㉘“应付账款”项目。

本项目应根据“应付账款”、“预付账款”账户所属的明细账户的期末贷方余额合计数填列。“应付账款”账户所属明细账如果期末有借方余额，表示的是预付账款，应加计在“预付账款”项目内。“预付账款”明细账户内期末如果有贷方余额，表示的是应付账款，应加计在本项目内。

㉙“预收账款”项目。

本项目应根据“预收账款”“应收账款”账户所属明细账户的贷方余额合计数填列。“预收账款”所属明细账户期末如果有借方余额，表示的是应收账款，应加计在“应收账款”项目内填列；但“应收账款”账户所属明细账户期末如果有贷方余额，表示的是

"预收账款"，应加计在本项目内。

㉚"应付职工薪酬"项目。

本项目应根据"应付职工薪酬"账户期末贷方余额填列。"应付职工薪酬"账户期末如果有借方余额，应以"－"号填列。

㉛"应交税费"项目。

本项目应根据"应交税费"账户期末贷方余额填列。如果"应交税费"账户期末是借方余额，本项目应以"－"号填列。

㉜"应付利息"项目。

本项目应根据"应付利息"账户期末贷方余额直接填列。

㉝"应付利润"项目。

本项目应根据"应付利润"账户的期末贷方余额直接填列。

㉞"其他应付款"项目。

本项目应根据"其他应付款""其他应收款"账户所属明细账户的贷方余额合计数填列。"其他应付款"账户所属明细账户如果有借方余额，表示的是"其他应收款"，应加计在"其他应收款"项目填列。但"其他应收款"账户所属明细账户如果有贷方余额，表示的是"其他应付款"，应加计在本项目内。

㉟"一年内到期的非流动负债"项目。

本项目应根据一年内到期的"长期借款""应付债券"等科目的余额填列。

㊱"流动负债合计"项目。

本项目根据上述各项流动负债项目的金额合计数填列。

㊲"长期借款"项目。

本项目应根据"长期借款"账户的期末贷方余额填列。

㊳"应付债券"项目。

本项目应根据"应付债券"总账科目的余额填列。

㊴"递延所得税负债"项目。

本项目应根据"递延所得税负债"科目的贷方余额填列。

㊵"非流动负债合计"项目。

本项目根据上述各项非流动负债项目的金额合计数填列。

㊶"负债合计"项目。

本项目应将"流动负债合计"与"非流动负债合计"两个项目的金额总计在一起填列。

㊷"实收资本"（或"股本"）项目。

本项目应根据"实收资本"（或"股本"）账户的期末贷方余额填列。

㊸"资本公积"项目。

本项目应根据"资本公积"账户的期末贷方余额填列。

㊹"盈余公积"项目。

本项目应根据"盈余公积"账户的期末贷方余额填列。

㊺“未分配利润”项目。

本项目在年末进行利润结转以后，在将“利润分配”账户除“未分配利润”明细账户以外的各明细账户结转到“未分配利润”明细账户后，应直接根据“利润分配——未分配利润”明细账的贷方余额直接填列，如该账户期末为借方余额，该项目应以“－”号填列。

本项目在平时可根据“本年利润”账户的余额和“利润分配”账户的余额计算填列。如果两个账户均为贷方余额，则加计填列。如两个账户均为借方余额，则加计后以“－”号填列。两个账户相抵后如为贷方余额，按贷方余额填列，两个账户相抵后如为借方余额，则以“－”号填列。

㊻“所有者权益合计”项目。

该项目应按“所有者权益”各项目的合计数填列。注意，如果“未分配利润”项目为“－”号，应减去该项目金额。

㊼“负债和所有者权益合计”项目。

该项目应将“负债合计”项目与“所有者权益合计”项目加计填列。

资产负债表填制完毕后，应将左方资产总计数与右方负债与所有者权益总计数相核对，如核对不符，则证明账户记录或报表数字的填列或计算有误，应认真查找错处，进行更正。

（二）利润表

1. 利润表定义

利润表又叫收益表或损益表，是用来反映在一个特定时期企业经营成果（利润）的会计报表。利润表是一个时间段的动态报表，反映的是一段时间而不是一个时点的经营成果。它是一张主表，附表包括分部报表（主营业务收支明细表）、利润分配表等。

2. 利润表的作用

利润表可以反映企业一定会计期间的收入实现情况，即实现的主营业务收入有多少、实现的其他业务收入有多少、实现的投资收益有多少、实现的营业外收入有多少等等；可以反映一定会计期间的费用耗费情况，即耗费的主营业务成本有多少、主营业务税金有多少、营业费用、管理费用、财务费用各有多少、营业外支出有多少等等；可以反映企业生产经营活动的成果，即净利润的实现情况，据以判断资本保值、增值情况。编制利润表的主要目的是将企业经营成果的信息提供给各种报表用户，以供他们作为决策的依据或参考。

（1）可据以解释、评价和预测企业的经营成果和获利能力。

经营成果通常指以营业收入、其他收入抵扣成本、费用、税金等的差额所表示的收益信息。经营成果是一个绝对值指标，可以反映企业财富增长的规模。获利能力是一个相对值指标，它指企业运用一定经济资源（如人力、物力）获取经营成果的能力。这里，经济资源可以因报表用户的不同需要而有所区别，可以是资产总额、净资产，可以是资产的耗费（成本或费用），还可以是投入的人力（如职工人数）。因而衡量获利能力的指标包括资产收益率、净资产（税后）收益率、成本收益率以及人均实现收益等。经营成果的信息直接由利润表反映，而获利能力的信息除利润表外，还要借助于其他会计报表和注释附表才能得到。

通过比较和分析同一企业在不同时期，或不同企业在同一时期的资产收益率、成本收益率等指标，能够揭示企业利用经济资源的效率；通过比较和分析收益信息，可以了解某一企业收益增长的规模和趋势。根据利润表所提供的经营成果信息，股东、债权人和管理部门可解释、评价和预测企业的获利能力，据以对是否投资或追加投资、投向何处、投资多少等作出决策。

（2）可据以解释、评价和预测企业的偿债能力。

偿债能力指企业以资产清偿债务的能力。利润表本身并不提供偿债能力的信息，然而企业的偿债能力不仅取决于资产的流动性和资本结构，也取决于获利能力。企业在个别年份获利能力不足，不一定影响偿债能力，但若一家企业长期丧失获利能力，则资产的流动性必然由好转坏，资本结构也将逐渐由优变劣，陷入资不抵债的困境。因而一家数年收益很少，获利能力不强甚至亏损的企业，通常其偿债能力不会很强。

债权人和管理部门通过分析和比较收益表的有关信息，可以间接地解释、评价和预测企业的偿债能力，尤其是长期偿债能力，并揭示偿债能力的变化趋势，进而作出各种信贷决策和改进企业管理工作的决策，如维持、扩大或收缩现有信贷规模，应提出何种信贷条件等。管理部门则可据以找出偿债能力不强之原因，努力提高企业的偿债能力，改善企业的公关形象。

（3）企业管理人员可据以作出经营决策。

比较和分析收益表中各种构成要素，可知悉各项收入、成本、费用与收益之间的消长趋势，发现各方面工作中存在的问题，揭露缺点，找出差距，改善经营管理，努力增收节支，杜绝损失的发生，作出合理的经营决策。

（4）可据以评价和考核管理人员的绩效。

比较前后期利润表上各项收入、费用、成本及收益的增减变动情况，并考查其增减变动的原因，可以较为客观地评价各职能部门、各生产经营单位的绩效，以及这些部门和人员的绩效与整个企业经营成果的关系，以便评判各部门管理人员的功过得失，及时作出采购、生产销售、筹资和人事等方面的调整，使各项活动趋于合理。

利润表上述重要作用的发挥，与利润表所列示信息的质量直接相关。利润表信息的质量则取决于企业在收入确认、费用确认以及其他利润表项目确定时所采用的方法。由于会计程序和方法的可选择性，企业可能会选用对其有利的程序和方法，从而导致收益偏高或偏低。例如，在折旧费用、坏账损失和已售商品成本等方面都可按多种会计方法计算，产生多种选择，影响会计信息的可比性和可靠性。另一方面，利润表中的信息表述的是各类业务收入、费用、成本等的合计数以及非重复发生的非常项目，这也会削弱利润表的重要作用。

3. 利润表的结构和内容

利润表一般有表首、正表两部分。其中表首说明报表名称、编制单位、编制日期、报表编号、货币名称、计量单位等；正表是利润表的主体，反映形成经营成果的各个项目和计算过程，所以，曾经将这张表称为损益计算书。

利润表正表的格式一般有两种：单步式利润表和多步式利润表。单步式利润表是将当期所有的收入列在一起，然后将所有的费用列在一起，两者相减得出当期净损益。多步式利润表是通过对当期的收入、费用、支出项目按性质加以归类，按利润形成的主要环节列示一些中间性利润指标，如主营业务利润、营业利润、利润总额、净利润，分步计算当期净损益。

我国目前的利润表按规定采用多步式，如表 4－5 所示。

表 4－5　利润表

编制单位：××公司　　　　20××年度　　　　单位：元

项目	本期金额	上期金额
一、营业收入		
减：营业成本		
营业税金及附加		
销售费用		
管理费用		
财务费用		
资产减值损失		
加：公允价值变动收益（损失以“－”号填列）		
投资收益（损失以“－”号填列）		
其中：对联营企业和合营企业的投资收益		
二、营业利润（亏损以“－”号填列）		
加：营业外收入		
减：营业外支出		
其中：非流动资产处置损失		
三、利润总额（亏损总额以“－”号填列）		
减：所得税费用		
四、净利润（净亏损以“－”号填列）		
五、每股收益：		
（一）基本每股收益		
（二）稀释每股收益		

4. 利润表的编制方法

利润表的编制主要是用到虚账户，也就是收入成果、费用类的账户。

第一步，以营业收入为基础，计算营业利润。营业利润=营业收入-营业成本-营业税金及附加-销售费用-管理费用-财务费用-资产减值损失+公允价值变动收益（-公允价值变动损失）+投资收益（-投资损失）。

第二步，以营业利润为基础，计算利润总额。利润总额=营业利润+营业外收入-营业外支出。

第三步，以利润总额为基础，计算净利润。净利润=利润总额-所得税费用。

第四步，以净利润（或净亏损）为基础，计算每股收益。

第五步，以净利润（或净亏损）和其他综合收益为基础，计算综合收益总额。

5. 利润表编制中的错弊

（1）编制营业收入常见的错弊。

①租赁收入未划入营业收入。

②记录伪造的收入或利用其他科目隐匿收入。

③过早或推迟确认收入。

④销售折扣及销售折让处理不规范或混淆。

⑤销售退回未冲减相关收入和成本。

⑥属于资产负债表日后事项的销售退回未正确冲回收入和成本。依据会计准则规定，对属于资产负债表日后事项的销售退回，企业需要将这部分与销售退回有关的收入和成本在售出商品确认收入和成本的会计期间，即报告年度的财务报表中予以冲减。

⑦跨年度的销售退出未修改“比较财务报表”中确认收入、成本年份的财务报表的数据。

⑧利息收入金额的计量方法错误。

（2）编制营业成本、税金及附加等项目常见的错弊。

①营业成本的范围划分不正确。

②营业成本核算方法不正确。

③任意虚增虚减营业成本。

④计算营业税金及附加时，多记或少记了税种，或采用的计税依据不正确。

（3）编制期间费用项目常见的错弊。

①销售费用、管理费用的范围划分错误。

②被没收的财产损失误计入管理费用。

③未正确区分借款费用资本化与费用化的范围。

（4）编制其他损益项目常见的错弊。

①未单独设立资产减值损失科目和报表项目。

②商誉减值处理错误。

③对准则禁止转回的资产减值损失予以转回。

④对应该转回的资产减值损失不予转回（含处置资产时不转回）。依据《企业会计准则》规定，应收款项、持有至到期投资、存货、消耗型生物资产、递延所得税资产、融资租赁中出租人的未担保余值等少数资产，如果确认该损失时依据的理由已不存在，仍可通过原渠道反向转回，且转回金额不超过假定不计提减值准备情况下该资产在转回日的净值。

⑤对公允价值这一概念的理解和运用错误。

⑥企业对外投资未分清公允价值变动损益和投资收益的区别。依据《企业会计准则》，“公允价值变动损益”只反映尚未实现的划分为以公允价值计量且其变动计入当期损益或可供出售金融资产的投资收益，已实现的投资收益计入“投资收益”科目。

⑦以公允价值计量的外币非货币性项目未计入公允价值变动损益。

⑧债务重组利得错误地计入资本公积。

⑨其他营业外收入的范围划分错误（政府补助等）。

⑩停产停工期间所有费用不加分析全部计入营业外支出。依据《企业会计准则》规定，正常停工损失应分配计入当年产品成本，非正常停工损失计入营业外支出。企业应分清正常停工损失和非正常停工损失，不应该以此控制利润实现数额和延期计缴部分所得税。

（5）编制所得税费用项目常见的错弊。

①不明确“所得税费用”和“应交税费——应交所得税”之间的关系。

②企业所得税税率计算有误。

③应税前扣除的工资福利未在税前扣除。

6. 审查利润表中的错弊

对利润表进行审查，主要是对企业一定会计期间内收入、费用和利润的合规性、合法性、正确性进行审查，验证企业所反映的在这一期间内的经营成果是否真实、可靠，为报表使用者进行分析和决策提供有效的财务信息。

审查的内容与方法如下：

（1）检查利润表内各项目填列是否完整，有无漏填、错填；核对各项目数字之间的勾稽关系。

（2）检查利润表与其他报表的勾稽关系，特别注意核对利润表所列营业收入、营业成本、销售费用和营业税金及附加的本年发生数，是否与其附表数一致，利润表所列净利润是否与利润分配表数字一致。

（3）核对利润表各项目数字与相关的总账、明细账数字是否相符，同时通过分析核对，发现有关损益项目数字的变化是否异常，并对疑点进一步检查。

（4）结合对成本费用、销售收入、利润分配等有关明细账的检查，核实成本费用、各项收入、投资收益和营业外收支等项数字是否准确，必要时要检查有关原始凭证。

（5）结合对纳税调整的检查，核实所得税的计算是否正确，对各扣除项目进行详查，审查有关明细账和原始凭证，注意有无多列扣除项目或扣除金额超过标准等问题。

（三）现金流量表

1. 现金流量表的定义

现金流量表是反映会计主体在特定时期内现金流入、流出以及净流量的会计主表，是一张阶段性的动态报表，其内容分为“经营活动现金流量”“投资活动现金流量”“筹资活动现金流量”三个方面，用以反映会计主体现金增减变动情况。现金流量表是原财务状况变动表或者资金流动状况表的替代物，它详细描述了由公司的经营、投资与筹资活动所产生的现金流。这张表由财务会计标准委员会于1987年批准生效，因而有时被称为FASB95号表。我国在1998年正式启用现金流量表取代财务状况变动表。

现金流量表中的现金是指库存现金、可以随时用于支付的存款和现金等价物。库存现金、可以随时用于支付的存款，一般就是资产负债表上“货币资金”项目的内容。准确地说，则还应剔除那些不能随时动用的存款，如保证金专项存款等。现金等价物是指在资产负债表上“交易性金融资产”项目中符合以下条件的投资：

（1）持有的期限短。

（2）流动性强。

（3）易于转换为已知金额的现金。

（4）价值变动风险很小。

2. 现金流量表的作用

现金流量表是基于现金收付制而编制的一张报表，反映的是一个会计主体在特定期间现金的情况，可以弥补权责发生制下带来的信息的一些不准确。通过现金流量表，可以评估这个会计主体的财务支付能力，特别是短期的支付能力。

（1）可以弥补资产负债表和利润表的一些不足信息。

资产负债表的信息是静态的，而且只能反映出期初和期末的余额，不能反映动态的变动情况。现金流量表至少可以从货币资金的角度反映会计期间货币资产的增减变动情况，从而可以弥补资产负债表只能提供静态信息的缺陷。

利润表的利润是根据权责发生制原则核算出来的，这种利润与现金流量是不同步的。损益表上有利润而银行账户上没有钱的现象经常发生。近几年来随着大家对现金流量的重视，深深感到权责发生制编制的损益表不能反映现金流量是个很大的缺陷。现金流量表划分经营活动、投资活动、筹资活动，按类说明企业一个时期流入多少现金，流出多少现金及现金流量净额，从而可以了解现金从哪里来、到哪里去了，利润表上的利润为什么没有变成现金流量，从而对企业做出更加全面合理的评价。

（2）便于从现金流量的角度对企业进行考核。

对一个经营者来说，如果没有现金，缺乏购买与支付能力是致命的。企业的经营者由于管理的要求亟须了解现金流量信息。另外在当前商业信誉存有诸多问题的情况下，与企业有密切关系的部门与个人投资者、银行、财税、工商等不仅需要了解企业的资产、负债、所有者权益的结构情况与经营结果，更需要了解企业的偿还支付能力，了解企业现金流入、流出及净流量信息。

（3）了解企业筹措现金、生成现金的能力。

如果把现金比作企业的血液，企业想取得新鲜血液的办法有以下两种。

为企业输血，即通过筹资活动吸收投资者投资或借入现金。吸收投资者投资，企业的受托责任增加；借入现金，负债增加，今后要还本付息。在市场经济的条件下，没有“免费使用”的现金，企业输血后下一步要付出一定的代价。

企业自己生成血液，在经营过程中取得利润。企业要想生存发展，就必须获利，利润是企业现金来源的主要渠道。通过现金流量表可以了解经过一段时间经营，企业的内外筹措了多少现金，自己生成了多少现金。筹措的现金是否按计划用到企业扩大生产规模、购置固定资产、补充流动资金上，还是被经营方侵蚀掉了。企业筹措现金、生产现金的能力，是企业加强经营管理、合理使用调度资金的重要信息，是其他两张报表所不能提供的。

3. 现金流量表的结构和内容

根据表4－6所示的标准现金流量表我们可以看到，现金流量表的基本内容主要是以下三方面：经营活动的现金流量情况，投资活动的现金流量情况，筹资活动的现金流量情况。每一项下面都有三方面的具体内容：现金的流入、现金的流出和现金净流量。最后汇总起来得到企业全部的现金净流量金额。

表4－6　现金流量表

会企02表

编制单位：　　　　　　　　　　××××年

项目	本期金额	上期金额
一、经营活动产生的现金流量：		
销售商品、提供劳务收到的现金		
收到的税费返还		
收到其他与经营活动有关的现金		
经营活动现金流入小计		
购买商品、接受劳务支付的现		
支付给职工以及为职工支付的现金		
支付的各项税费		
支付其他与经营活动有关的现金		
经营活动现金流出小计		
经营活动产生的现金流量净额		
二、投资活动产生的现金流量：		
收回投资收到的现金		
取得投资收益收到的现金		
处置固定资产、无形资产和其他长期资产收回的现金净额		
处置子公司及其他营业单位收到的现金净额		

续表4－6

项目	本期金额	上期金额
收到其他与投资活动有关的现金		
投资活动现金流入小计		
购建固定资产、无形资产和其他长期资产支付的现金		
投资支付的现金		
取得子公司及其他营业单位支付的现金资额		
支付其他与投资活动有关的现金		
投资活动现金流出小计		
投资活动产生的现金流量净额		
三、筹资活动产生的现金流量：		
吸收投资收到的现金		
取得借款收到的现金		
收到其他与筹资活动有关的现金		
筹资活动现金流入小计		
偿还债务支付的现金		
分配股利、利润或偿付利息支付的现金		
支付其他与筹资活动有关的现金		
筹资活动现金流出小计		
筹资活动产生的现金流量净额		
四、汇率变动对现金及现金等价物的影响		
五、现金及现金等价物净增加额		
加：期初现金及现金等价物余额		
六、期末现金及现金等价物余额		

4. 现金流量表的编制方法

（1）分析填列法。

分析填列法是直接根据资产负债表、利润表和有关会计科目明细账的记录，分析计算出现金流量表各项目的金额，并据以编制现金流量表的一种方法。

由于现金流量表编制难度大，在编制现金流量表中难免存在这样或那样的错误，了解现金流量表的内外勾稽关系有助于我们发现并改正错误。

（2）工作底稿法。

采用工作底稿法编制现金流量表，是以工作底稿为手段，以资产负债表和利润表数据为基础，对每一项目进行分析并编制调整分录，从而编制现金流量表。工作底稿法的程序是：

第一步，将资产负债表的期初数和期末数过入工作底稿的期初数栏和期末数栏。

第二步，对当期业务进行分析并编制调整分录。编制调整分录时，要以利润表项目为基础，从“营业收入”开始，结合资产负债表项目逐一进行分析。在调整分录中，有关现金和现金等价物的事项，并不直接借记或贷记现金，而是分别计入“经营活动产生的现金流量”“投资活动产生的现金流量”“筹资活动产生的现金流量”有关项目，借记表示现金流入，贷记表示现金流出。

第三步，将调整分录过入工作底稿中的相应部分。

第四步，核对调整分录，借方、贷方合计数应相等，资产负债表项目期初数加减调整分录中的借贷金额以后，也应等于期末数。

第五步，根据工作底稿中的现金流量表项目编制正式的现金流量表。

（3）T 形账户法。

采用 T 形账户法编制现金流量表，是以 T 形账户为手段，以资产负债表和利润表数据为基础，对每一项目进行分析并编制调整分录，从而编制现金流量表。T 形账户法的程序如图 4—4 所示，具体如下：

第一步，为所有的非现金项目（包括资产负债表项目和利润表项目）分别开设 T 形账户，并将各自的期末期初变动数过入各该账户。如果项目的期末数大于期初数，则将差额过入和项目余额相同的方向；反之，过入相反的方向。

第二步，开设一个大的“现金及现金等价物”T 形账户，每边分为经营活动、投资活动和筹资活动三个部分，左边记现金流入，右边记现金流出。与其他账户一样，过入期末期初变动数。

第三步，以利润表项目为基础，结合资产负债表分析每一个非现金项目的增减变动，并据此编制调整分录。

第四步，将调整分录过入各 T 形账户，并进行核对，该账户借贷相抵后的余额与原先过入的期末期初变动数应当一致。

第五步，根据大的“现金及现金等价物”T 形账户编制正式的现金流量表。

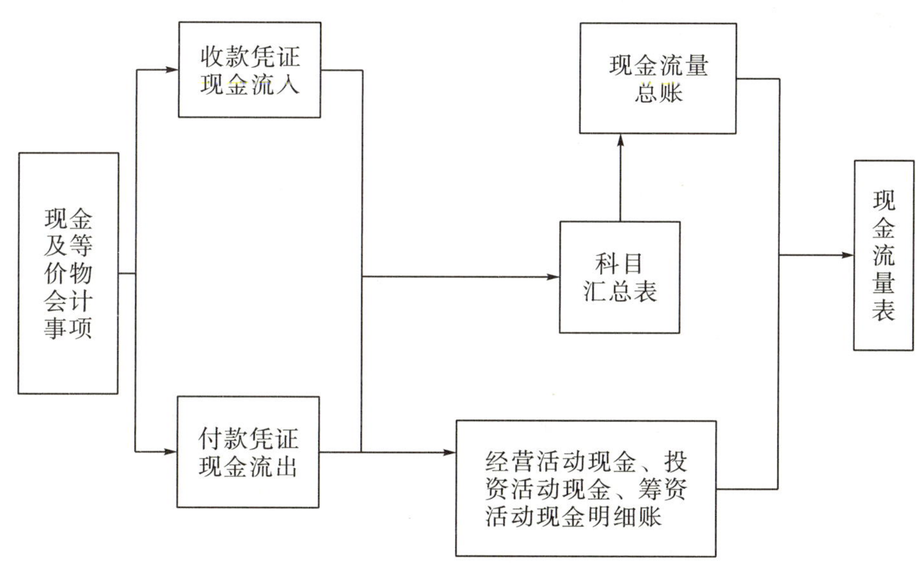

图 4—4　T 形账户法编制现金流量表示意图

5. 现金流量表内部的勾稽关系

(1) 正表中"收到的增值税销项税和退回的增值税款"项目与"支付的增值税款"项目之差必须与补充资料中"增值税增加净额(减:减少)"项目相等。

(2) 正表中的"现金及现金等价物净增加额"必须与补充资料中的"现金及现金等价物净增加额"相等。

(3) 正表中按直接法列报的"经营活动产生的现金流量净额"必须与补充资料中按间接法列报的"经营活动产生的现金流量净额"相等。

6. 现金流量表与其他报表之间的勾稽关系

现金流量表附注中的"净利润"和"投资损失(或收益)"项目必须与年度利润表中的同名项目相等;现金流量表附注中的"递延税款贷项(减借项)"必须与年末资产负债表中递延税款贷项年末年初之差减去递延税款借项年末年初之差的差相等;在现金流量表的编制基础不包括现金等价物的情况下,年末资产负债表中货币资金的年末年初之差必须与现金流量表正表的最末一行和补充资料中的最末一行相等;在没有发生坏账转销和已转销的坏账又收回的情况下,年末资产负债表中坏账准备的年末数与年初数之差必须与现金流量表补充资料中的"计提的坏账准备和转销的坏账"项目相等;在没有发生固定资产处置、以及固定资产投资等情况下,现金流量表补充资料中的"固定资产折旧"项目必须与资产负债表中累计折旧的年末数和年初数之差相等;在没有购入无形资产、无形资产处置和以无形资产投资等情况下,现金流量表补充资料中的"无形资产摊销"项目必须与年末资产负债表中无形资产的年末数和年初数之差相等;在没有用存货偿还非经营性负债、没有用存货对外投资和用存货交换固定资产、无形资产和其他长期资产的情况下,现金流量表补充资料中的"存货的减少(或增加)"必须与资产负债表中存货的年末与年初之差相等。

第五讲　会计怎样用

——会计信息的分析及解读

学习目标

1. 了解会计分析的基本概念和意义
2. 了解会计分析所需信息的来源渠道
3. 掌握单张会计报表的分析
4. 掌握会计报表的比率分析法
5. 了解会计报表分析的局限性
6. 了解几个最新的财务分析方法

第一节　会计信息分析的意义

一、会计信息分析的重要性

作为沟通的方式之一，会计信息可以帮助外部信息使用者了解一家企业的整体财务状况，从而为他们的决策提供信息支撑。如果不能很好地利用财务信息，那么决策就会像缘木求鱼或者南辕北辙，终究无法获得相应的回报。

著名的投资高手巴菲特说："只有你愿意花时间学习如何分析财务报表，你才能够独立地选择投资目标。"相反，如果你不能从财务报表中看出上市公司是真是假是好是坏，巴菲特认为，你就别在投资圈里混了。他最重要的工作是阅读，阅读最多的是上市公司的年度和季度财务报告。

事实上，不管是巴菲特，还是其他投资人、投资机构，都很重视对财务信息的获取、分析和使用。因此，在了解了会计信息生成的流程后，认真学习会计信息的使用，是十分有必要的，也是一项有趣的工作。

二、会计信息分析的概念和意义

（一）什么是会计分析

会计分析实际上是指对会计信息的分析和使用。由于会计信息通常是针对一个主体的财务信息，所以会计信息的使用通常又称为财务分析和评价。财务分析起源于19世纪末20世纪初，最早应用于银行的信用分析。狭义的财务分析仅指会计报表分析，广义的财务分析属于商务分析的一个重要组成部分。

财务分析与评价的不同层次基本构成如图5－1所示。

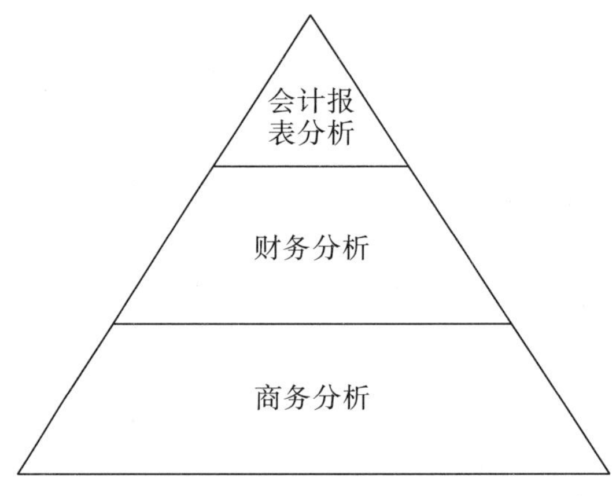

图5－1　财务分析的层次示意图

（二）利用会计信息分析的几种不同层次

（1）砖瓦匠→技术→怎样做。

（2）工程师→管理→指导怎样做。

（3）设计师→决策→为什么做。

（三）财务分析与评价的作用

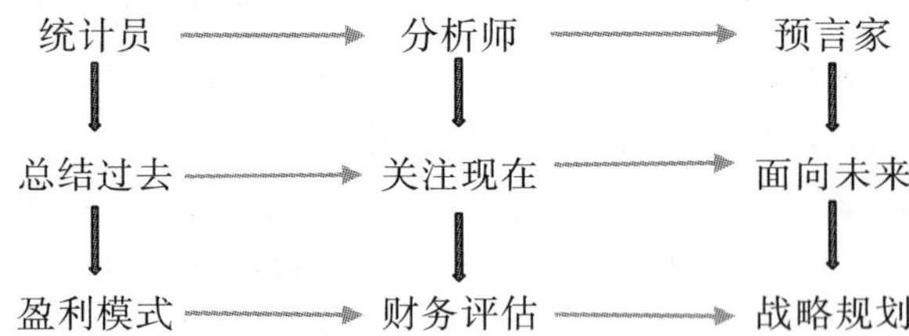

（四）会计分析的基本要求

（1）数据信息的收集与整理。

（2）定量分析与定性分析相结合。

（3）财务信息与非财务信息相结合。

（4）静态分析与动态分析相结合。

（5）结果分析与原因分析相结合。

（6）整体分析与局部分析相结合。

（五）财务以定量分析为主的原因和特点

财务分析使用的数据主要来自于会计报表，毫无疑问，会计报表的数据是定量的数据，反映的是某一会计主体在过去一段时间发生的经济活动的价值表现和结果，以货币加以计量并采用标准化的格式列示出来，以便信息使用者使用。之所以全部或绝大部分采用定量化数据，原因在于定量化的表达客观、准确、具体、可比。这样也决定了财务分析是有基本规律和方式的。

使用数据定量分析的方法包括：比较分析、比率分析、比例分析、百分比分析。

三、如何获得分析所用的会计信息

（一）公开的会计报表

获得会计信息的首要渠道应该是正式公布的会计报表。这些报表信息通常比较准确、全面、及时。一般而言，各大财经网站和报纸杂志都会刊登相关的信息，尤其是上市公司的历年报表。关于报表的内容我们之前和之后都会介绍很多，在此不加赘述。

（二）其他公开信息

其他公开信息有公开的财务报告、社会责任报告、报告附注、招股说明书、情况说明、董事会和股东大会的报告或决议等。

除了定时公开发布的会计报表之外，企业也会发布年度财务报告，一般以文字居多，内容多少不限，有些甚至会多达几百页。企业的年度财务报告是信息量比较大的文件，一些在报表上无法展示或不想直接展示的内容，是可以在财务报告的字里行间获得蛛丝马迹的。比如，非常著名的美国安然事件，大量的负债以“表外负债”的形式在财务报告里提及，并不出现在正式的会计报表里，这是符合会计要求的。因为公众的关注大多在于报表，太多内容的财务报告很少有人能从头至尾认真阅读，夹杂在其间的一些关键信息就会被疏忽掉。所以，阅读企业的财务报告，会获得财务报表无法提供的信息，有些信息还是很关键的。

随着社会进步，政府、公众对企业社会责任的要求越来越多，很多企业也开始定期发布企业社会责任报告。社会责任报告迎合了当前社会的主流要求，也能体现企业承担社会责任的程度。有实证研究表明，企业社会责任做得好，消费者对其产品或服务就越愿意出溢价。这说明，企业社会责任与企业绩效是有关联的。如果我们想获得详细的有关环保、员工福利、产品安全等方面的信息，不妨从企业的社会责任报告中去寻找。当然，就目前而言，社会责任报告并不是主要的、强制性的报告，形式内容也五花八门，但不可否认，社会责任报告越来越表现出其重要性，并将提供更多关于企业未来发展趋势和预测其业绩表现的信息。

（三）媒体发布的消息

现在的媒体，不仅包括传统的媒体，还应包括新媒体，特别是博客、微博、微信公众号等。

媒体是一个比较特殊的信息获取来源，虽然我们常常觉得媒体提供的小道消息并不可靠，但实际上媒体有自己特殊的方法和渠道获取内幕消息。不可否认，历史上很多重大政治和经济事件无不是媒体先披露出来的，尤其是"坏消息"，比如"水门事件"，比如"安然事件"，比如中国的"银广夏"，等等。所以，负面新闻往往是可以从媒体那里得到的，而且常常比较准确和及时。我们认为的一些小道消息，最终也常常是真实的。当然，小道消息确实需要甄别，须知流言止于智者。

（四）审计报告

审计报告是专业会计师对企业报表的审计结果，可以反映独立于企业外的专业人员的看法，有值得借鉴的地方。如果会计师事务所的审计报告是"有保留意见"的报告，那么可以考虑企业隐瞒了一些信息或对报表采取了一些手段。可以细看审计报告里提到的无法出具审计意见的项目，然后推断企业可能出现的问题。当然如果审计报告是无保留意见，并不一定代表没有问题，一来审计师可能没查出来，二来可能是有意为之，审计师的独立性毕竟还是无法得到真正保证的，高额的审计费用还是会影响审计的独立性。

（五）企业的一些非正式说明、临时公告

企业也常常会发布一些临时说明和公告，这些信息具有高度的吸引力，能反映企业短期一些关键信息，揭示企业的一些重要改变，比如并购或重组停牌的公告，比如诉讼纠纷的公告，等等。一些临时性的公告很有意思，这些公告背后往往会有丰富的内涵，也往往预示着企业重大的变化即将发生，不管是利好还是利空。关注这些临时公告，是掌握企业发展动向的关键一环。

（六）行业报告和政府报告

一般情况下，很多渠道得到的信息是单独针对某个企业的特定信息，属于微观层面上的，比较局限；而行业报告和政府报告可以获得的信息是宏观上的，更具有全局性和整体性，可以在较高层面和战略层面了解企业发展方向和未来面临的机遇及挑战。这些信息在某种程度上更具有前瞻性和指导意义，可以用于分析预测企业未来的价值增长情况。

第二节　单独的会计报表分析

一般采用比例法和比较法分析资产负债表、利润表和现金流量表三张主表。

比例法是指报表里各项目个体和总体之间的比例关系；比较法是指报表数据的横向和纵向比较，或者实际和预算的比较。

一、资产负债表

资产负债表反映的主要是资产、负债、所有者权益在某一时点上的静态指标，包括合计、分类指标等。通过这些指标，一来可以知道企业财务的整体情况，二来可以知道某一会计要素的具体构成情况。

资产负债表的分析强调平衡，这完全符合资产负债表本身的名字和内涵。资产负债表的英文名是“Balance sheet”，直译过来就是“平衡表”；同时它的编制体现了“资产＝负债＋所有者权益”这一会计恒等式原理，如果两边不平衡，则表明编制出现了错误。所以，比较而言，资产负债表是相对容易的报表，因为它有自我检查的功能，只要编不平，就一定有错误。当然，如果两边平衡了，也并不代表没有错误，这一点是需要注意的。从对资产负债表披露的信息分析来看，我们通过这张报表获得的财务状况信息，反映该会计主体的财务是否健康。如何判断健康与否，则是看是否“平衡”“对称”。

一方面，企业的资产价值存在形态和价值来源渠道之间需要平衡，即“资产＝负债＋所有者权益”。也就是说，资产不能全靠所有者投入，也不能全靠负债。因为全靠所有者投入，这样会降低企业利用财务杠杆获取收益；如果大量借债，则会增加财务风险；所以需要在负债和所有者权益之间平衡，这就影响到企业的资本结构政策，而这也可以反映出企业获取资金的渠道和能力以及管理层财务风险意识的高低，对财务是保守还是开放的态度，是谨慎还是大胆。另一方面，资产内部、权益内部的比例也要符合“平衡”的原则。如果某个项目在某个期间突然增加或减少幅度比较大，那么就要注意这方面是否出现什么问题。比如，某一期间存货数量突然大幅度增长，那么我们就要警惕是否是企业的市场销售出了问题，导致库存增加；或者是不是囤积了大量原材料，以备未来期间材料涨价或短缺等。

资产分为流动资产和长期资产两大类，这两类资产之间应该达到平衡。资产的流动性和收益性成反比，与财务风险也呈反比，而相应的资产的收益性和风险性呈正比，体现了高风险高收益，低风险低收益的特点。所以，流动资产流动性高，风险低，但收益性就差一些；反之，长期资产的流动性差一些，但风险高，收益高。企业应该在这三者之间进行权衡，合理安排流动资产和长期资产。

同样，负债也分为流动负债和长期负债两大类，也涉及财务风险的控制问题。长期负债期限长，需要长期的规划；流动负债期限短，一般需要流动资产配合偿还，所以需要合理的安排。

在所有者权益的分析中，要注意所有者权益的构成。前面在涉及所有者权益这个要素时，我们已经进行过一些讲解。所有者权益的构成主要是两方面：投资者投入的资本金，企业自己赚取的利润。这两个都能增加所有者权益，但性质是不一样的。一个相当于外部输血，一个是自身造血，孰优孰劣，一目了然。所以，如果分析一个企业的所有者权益，并不是只看总数，而是要看构成所有者权益的两个部分的情况，如果利润多，则说明企业的营运能力较强，自身的“造血”能力好，不需要依赖外部投资人的“供血”。

资产负债表内的很多项目之间具有勾稽关系，和其他报表也有勾稽关系。所以，单方面某一个项目的变动，一定会影响其他对应项目的变动。之前提到，存货增长，如果是销售引起的，那么会影响到现金流量和销售收入以及税金、销售成本、利润等一系列项目。因此，在报表的分析中，要全面看待报表的项目，做到眼中既要有林，也要有木，宏观和微观两方面同时兼顾。

二、利润表

利润表是反映企业在某一特定时间内的经营成果的报表，简单地说，就是反映企业是否赚钱的表，所以在分析时要考虑的第一问题就是是否赚钱？第二是钱是怎么赚到的？当然，要考虑到利润表是按照权责发生制计算编制出来的，而且常常容易被调整和操控，所以其重要性反而不如资产负债表和现金流量表。不过，仍然可以从这张表的分析中获得一些信息。一般情况下，我国采用的利润表都是分步式利润表，利润表里的利润可以分为主营业务利润、营业利润、总利润、净利润四个部分，反映了不同渠道来源的收益。

利润表分析的要点是：不同层次利润的比重、收入和费用之间的匹配、收入和费用的变动、利润的变动趋势。

（一）不同层次利润的比重

利润表包含了各个层次的利润，反映了企业利润的不同来源和构成情况。

正常情况下，主营业务利润应该是利润构成的主体部分，反映企业在其主营业务上的情况。营业利润包括了其他业务利润，一般是附属利润，由主营业务衍生的业务带来。影响营业利润的不仅仅是其他业务利润，还有三项重要的期间费用，即管理费用、销售费用、财务费用，所以这一部分可以反映出企业运营费用的情况。

总利润不但包括营业活动带来的利润，还要包括非营业活动，如投资活动带来的利润。如果非营业活动利润超过了营业利润或主营业务利润，则说明企业是在“不务正业”，或者暗示企业在转型，或者说明企业的资本运作搞得比较好。这可不是理论上的认识，实践中这类企业并不少见，比如一些上市公司，利用委托理财，把从股市上募集的资金再转移到股市上炒股，以获取炒股收益，往往还能弥补主营业务的亏损。但事实上，这样的一种利润结构是不可持续的，预示着危险的信号，并造成股市“泡沫”的产生。

净利润是总利润扣除所得税后的利润，也就是企业当期最终能给股东的收益。所得税的多少一来反映企业的税负水平，二来可以看出企业现金流出的水平，还可以做应税所得税和会计所得税的差异分析。

（二）收入和费用之间的匹配

利润表本身的分析强调的是匹配性，即成本费用和收入之间的匹配：一是时间段的匹配，二是因果关系上的匹配，三是金额上的匹配。实际上分析这三方面的匹配情况也是对报表信息的综合整理和归纳，也可以从中看出关键的问题。

（三）收入和费用之间的变动

收入和费用的变动可以反映企业成本费用控制情况，或者市场状况。

如果收入上升，而费用不变或者略有下降，说明企业管理费用水平较高，内控做得比较好，或者是预算管理到位，或者市场情况较好。如果收入不变而费用上升，则预示着企业生产经营活动有问题了，或者市场不够好，或者产品（劳务）不够好，为维持相同的市场，需要花费更多；也可能是在市场不变的情况下，各项费用上升，说明内部管理水平不够好。如果收入上升费用跟随上升，说明企业基本稳定，管理比较到位。

比较分析连续会计期间的成本费用，可以研究企业收入和费用的发展趋势，用于预测分析。

（四）利润的变动趋势

采用比较分析法可以看出企业利润随时间的变化，顺便可以预测未来期间利润可能的走势。在连续的会计期间，如果利润呈下降趋势，则说明经营不力；如果呈现上升趋势，则表明企业经营活动的良好发展。整体来说，不同生命周期的企业，利润的表现也不同，趋势也不尽相同。所以，分析利润的变化趋势，离不开横向比较，要考虑宏观经济形势和行业发展状况，要与同行业其他企业进行比较，这样的分析会更准确些。

三、现金流量表

现金流量表是基于现金收付制发展起来的报表，可以弥补利润表下权责发生制的不足。关于权责发生制和现金收付制的比较及应用效果，我们在前面第一章已经介绍过了，这里不再赘述，各位读者可以参考前面的内容。

由于现金对于一个企业有极其重要的意义，所以现金流量表也有着非同一般的信息含义。

早在20世纪60年代，美国的经济学家就提出：最终决定企业价值的，一是企业生命周期内所能获得的现金流的数量和时间跨度；二是为了获得这些现金流所需要承担的各种不确定性，即风险；三是为获得现金流而投入的资本量。也正因为获取自由现金流是价值管理的核心，从20世纪90年代起，特别是最近的几次全球性或区域性的金融、经济危机，使得“现金为王”（Cash is King）的理念在企业财务管理中受到空前的重视。人们在总结历次经营失败的教训时，发现了一个共同的规律，无论何种诱因导致经营失败，最终都必然地显现为资金链断裂和现金流枯竭。现金流成为企业经营、投资、融资活动的综合体现。

现金流量表的分析重点在于以下几个方面：

(1) 影响现金流入、流出以及净流量的主要经济活动。

(2) 三种流量之间的协调关系。

(3) 现金净流量的最终结果（增加还是减少）。

分析现金流量表时，可能出现下面的几种情况：

(1) 经营现金净流为"+"，投资现金净流为"+"，融资现金净流为"+"。

这种公司主营业务在现金流方面能自给自足，投资方面收益状况良好，这时仍然进行融资，如果没有新的投资机会，会造成资金浪费。

(2) 经营现金净流为"+"，投资现金净流为"+"，融资现金净流为"−"。

这种公司经营和投资良性循环，融资活动的负数是由于偿还借款引起，不足以威胁企业的财务状况。

(3) 经营现金净流为"+"，投资现金净流为"−"，融资现金净流为"+"。

这种公司经营状况良好，通过筹集资金进行投资，企业往往是处于扩张时期，这时我们应着重分析投资项目的盈利能力。

(4) 经营现金净流为"+"，投资现金净流为"−"，融资现金净流为"−"。

这种公司经营状况虽然良好，但企业一方面在偿还以前的债务，另一方面要继续投资，所以应随时关注经营状况的变化，防止财务状况恶化。

(5) 经营现金净流为"−"，投资现金净流为"+"，融资现金净流为"+"。

这种公司靠借钱维持生产经营的需要，财务状况可能恶化，应着重分析投资活动现金净流入是来自投资收益还是收回投资，如果是后者，企业的形势将非常严峻。

(6) 经营现金净流为"−"，投资现金净流为"+"，融资现金净流为"−"。

经营活动已经发出危险信号，如果投资活动现金流入主要来自收回投资，则企业将处于破产的边缘，需要高度警惕。

(7) 经营现金净流为"−"，投资现金净流为"−"，融资现金净流为"+"。

企业靠借债维持日常经营和生产规模的扩大，财务状况很不稳定，如果是处于投入期的企业，一旦渡过难关，还可能有发展，如果是成长期或稳定期的企业，则非常危险。

(8) 经营现金净流为"−"，投资现金净流为"−"，融资现金净流为"−"。

企业财务状况危急，必须及时扭转，这样的情况往往发生在扩张时期，由于市场变化导致经营状况恶化，加上扩张时投入了大量资金，会使企业陷入进退两难的境地。

第三节 会计报表的比率分析

会计报表的比率分析是对会计主体进行信息分析所采用的核心方法，也是应用最广泛的方法。这种方法的好处在于计算相对简便，易于理解和使用。通常，利用三张主要的会计报表，我们可以获得企业盈利能力、偿债能力（流动性）、资产管理效率、资本结构（财务杠杆）、成长性、现金流量状况等方面的信息。

一、会计比率单项指标分析

（一）盈利能力指标

盈利能力指标计算所需数据主要来源于资产负债表和利润表，测评的是企业运用所拥有的资源获取利益的能力。在计算时，资产负债表上的数据是时点指标，而利润表上的数据是时间段指标，为了二者相匹配，一般我们用到的资产负债表上的数据采用对应利润表数据同一个时期的期初和期末的简单平均数。另外，盈利能力的评价实际上主要是站在股东角度，评价企业为其股东带来的利益大小，所以也会涉及股东权益的指标。以下是评价企业赚钱能力的一些指标：

（1）资产报酬率（总资产收益率、资产利润率）：ROA＝净利润÷平均资产。

（2）净资产报酬率：ROE（净值报酬率、权益净利率或权益报酬率）＝（净利润÷平均净资产）×100％。

（3）销售净利润率：ROS＝（净利润÷销售收入）×100％。

（4）主营业务利润率（毛利率）＝（主营业务利润÷销售收入）×100％。

（5）每股收益（每股净利）＝（净利润－优先股股利）÷年度末普通股股份总数。

（6）每股净资产＝股东权益÷总股本。

（7）市盈率＝股票市价÷EPS。

（8）市净率＝股票市价÷每股净资产。

（9）股利分配率（股利支付率）＝普通股每股股利÷普通股每股收益。

（10）股利产出率＝普通股每股现金股利÷普通股每股市价。

（11）股利保障倍数＝普通股每股收益÷普通股每股股利。

（二）偿债能力指标

偿债能力指标包括短期偿债能力和长期偿债能力指标。短期偿债能力主要是评价流动资产对流动负债的覆盖能力，因为通常流动负债是需要流动资产来偿还的；长期负债则是针对企业长期资产甚至是全部资产的覆盖能力。偿债能力指标是债权人比较关注的指标，不仅可以反映企业的还本付息能力，还可评价其借款本金的保障程度和安全程度。

（1）流动比率＝流动资产÷流动负债。

例：史上最应该感谢“流动比率”这个指标的是中央财大刘姝威老师，当年她发现蓝田股份的流动比率小于1，为此她写了一篇600字的短文《应立即停止对蓝田股份发放贷款》，而那时的蓝田为了借新还旧，需要继续贷下去，刘姝威的这篇短文戳穿了“蓝田”编造的神话故事，将其从股市上一举“铲除”。

（2）速动比率＝速动资产÷流动负债。

其中，速动资产＝流动资产－存货。不过对于速冻资产的范围还有不同的看法，有些人认为，速动资产只应包括货币资金和交易性金融资产，连应收款项都不能纳入速动资产的范畴，这当然是一种比较极端的看法。

(3) 营运资本与总资产比率=(流动资产-流动负债)÷总资产。

(4) 营运资本与主营业务收入比=(流动资产-流动负债)÷主营业务收入。

(5) 利息保障倍数=息税前利润÷利息费用。

(6) 固定费用支付率(固定费用偿付率)=息税前利润总额÷(利息+租金+优先股利+偿债基金)÷(1-所得税率)。

(7) 现金覆盖率=(息税前利润(EBIT)+折旧费)÷利息费用。

(三) 资产管理效率指标

资产管理效率指标是用于评价企业利用资产开展生产经营活动的效率情况，简单地说，就是投入一元钱能产出多少钱，以此衡量企业的管理能力。管理能力越强，相关的资产管理效率指标就越好看，反之则相反。这一类指标实际上是评价管理团队的能力，也是评价企业整体的运营效率。

(1) 总资产周转率=销售收入÷平均资产总额。

(2) 资本密度比率=平均总资产÷销售收入。

(3) 存货周转率=销售成本÷平均存货。

(4) 应收账款周转率=销售收入÷平均应收账款。

(5) 应收账款平均回收期(ACP)=365÷应收账款周转率。

(6) 固定资产周转率=销售收入÷平均固定资产。

(7) 净资产周转率=销售收入÷平均净资产。

(四) 资本结构指标

资本结构是财务研究的重要问题，实质上反映的是企业财务风险的问题。落实在资产负债表上，其实是研究资产负债表右边的结构问题，也就是左边资产价值来源的构成情况是否合理。前面介绍过，企业的资产来自于两方面，一是借款，形成负债；二是股东投入，形成所有者权益。如果负债大了，所有者权益比例小，意味着财务风险大，财务杠杆也高；如果反过来，所有者权益较高，负债率较低，意味着企业比较稳健，财务风险较小，但同时也意味着利用杠杆效应不充分。一个企业应该根据自己的实际情况来完善资本结构，并进行管理。

管理好资本结构不仅仅是在控制财务风险，也是在合理利用财务杠杆效应为股东创造更多价值。关于资本结构和企业价值之间的关系，大家可以参看财务管理教材中的相关内容。

(1) 资产负债率=(负债总额÷资产总额)×100%。

(2) 产权比率=(负债总额÷所有者权益)×100%。

(3) 所有者权益比率=(所有者权益÷资产总额)×100%。

(4) 有形净值负债率=负债÷有形净值=负债÷(股东权益-无形资产净值)。

(5) 权益乘数=资产÷(资产-负债)。

(五) 成长性指标

成长性指标评价的是企业的发展趋势，对未来的一个预测。所谓"温故而知新"，通过对历史行为的分析，可以看出企业的发展趋势以及过往行为对以后的生产经营活动可能产生的影响，并预测下一期间可能出现的情况。

(1) 销售增长率=本年销售增长额÷上年销售总额。

(2) 盈利增长率=本年净利润增长额÷上年净利。

(3) 总资产增长率=本年总资产增长额÷上年总资产。

(4) 主营业务收入增长率=本年营业收入增长额÷上年营业收入。

(5) 留成利润比=未分配利润÷当年总利润。

(6) 留存收益与总资产比=留存收益÷总资产。

(7) 每股净资产增长率=本年每股净资产增加额÷上年每股净资产。

(8) 资本积累率=本年所有者权益增长额÷年初所有者权益。

(9) 股东权益增长率=净资产收益率×（1-红利分配率）=ROE×（1-红利分配率）。

（六）现金测评指标

为弥补权责发生制存在的分析偏差等问题，针对现金流量，设置了现金测评指标，专门对企业真实的财务状况进行评价。所谓“现金为王”，现金才是企业的血液，才是企业财务真实状况的直接表现，这就是为什么企业内部管理者常常并不关注利润表，而是重视现金流量表的原因。只有现金流量表上的数字，才反映企业实际可以动用的财务资源。

(1) 现金比率=（货币资金+交易性金融资产）÷流动负债。

(2) 自由现金流量=EBIT 息税前利润×（1-税率）+折旧和摊销-营运资本变动-资本支出。

(3) 现金流量充足率=经营活动产生的现金流量净额÷（长期负债偿还额+资本支出额+股利支付额）。

(4) 现金债务总额比=经营活动现金净流量总额÷债务总额。

(5) 现金营业收入比=现金收入÷营业收入总额。

(6) 净资产现金回收率=本年现金流入量÷净资产。

(7) 总资产现金回收率=本年现金流入量÷总资产。

(8) 每股现金净流量=本年现金流入量÷（普通股数-优先股股东）。

(9) 每股营运现金净流量=经营现金流量净额÷普通股股数。

二、会计综合指标体系

（一）沃尔评分法

沃尔评分法如表 5-1 所示。

表 5-1 沃尔评分法

财务比率	权重 1	标准比率 2	实际比率 3	相对比率 4=3÷2	评分 1×4
流动比率	25	2.00			

续表5－1

财务比率	权重 1	标准比率 2	实际比率 3	相对比率 4＝3÷2	评分 1×4
净资产/负债	25	1.50			
资产/固定资产	15	2.50			
销售成本/存货	10	8			
销售收入/应收账款	10	6			
销售收入/固定资产	10	4			
销售收入/净资产	5	3			
合计	100				

（二）杜邦分析体系

杜邦分析体系如图 5－2 所示。

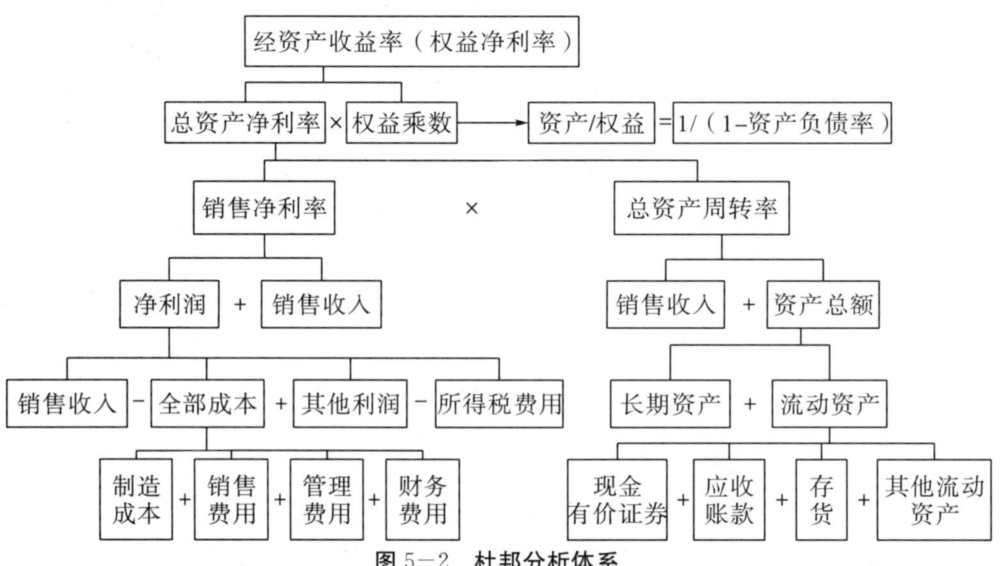

图 5－2 杜邦分析体系

（三）国有资本金效绩评价（竞争性工商企业）

1. 定量指标（权重 80%）

国有资本金效绩评价的定量指标如表 5－2 所示。

表 5－2 国有资本金效绩评价定量指标

指标类别（100 分）	基本指标（100 分）	修正指标（100 分）
一、财务状况效益（42 分）	净资产收益率（30） 总资产报酬率（12）	资本保值增值率（16） 销售利润率（14） 成本费用利润率（12）

续表5-2

指标类别（100分）	基本指标（100分）	修正指标（100分）
二、资产运营状况（18分）	总资产周转率（9） 流动资产周转率（9）	存货周转率（4） 应收账款周转率（6） 不良资产比率（6） 资产损失比率（4）
三、偿债能力状况（22分）	资产负债率（12） 已获利息倍数（10）	流动比率（6） 速动比率（4）现金流动负债比率（4）长期资产适合率（5） 经营亏损挂账比率（3）
四、发展能力状况（18分）	销售增长率（9） 资本积累率（9）	总资产增长率（7）固定资产成新率（5）3年利润平均增长率（3）3年资本平均增长率（3）

2. 定性指标（权重20%）

（1）领导班子基本素质。

（2）产品市场占有率。

（3）基础管理水平。

（4）员工素质。

（5）技术装备水平。

（6）行业（或地区）影响。

（7）经营发展战略。

（8）长期发展能力预测。

第四节 会计报表分析存在的问题

一、会计指标分析存在的问题

利用会计数据，尤其是会计报表的数据，通常存在以下的问题：

（1）会计数据是历史数据，通常是静态指标，大部分数据来源于财务报表，易受操控。

（2）现行会计确认和计量的基础是以货币表示的经济活动，从而将分析的范围限制在以货币量化的信息范围之内。

（3）由于传统的财务业绩评价指标没有考虑权益性融资成本，而且大多是根据公开的财务报表的信息计算的，各种指标具有相当的弹性，不能客观准确地反映企业的经营业绩。

（4）财务分析中对有关企业的人力资本、无形资产等知识资产的信息利用不足。

（5）对财务指标进行计算和分析评价时，未考虑企业的可持续发展，对企业的社会责任等方面几乎没有涉足。

另外，为了迎合市场及投资人的需要，对利润的"管理"常常会带来一些短期行为问题，例如：削减R&D支出，减少培训和发展支出，减少质量成本支出，降低客户服务质量，推迟资本性支出等。这些行为短期内不会对利润造成直接的较大的不利影响，但长期来看是会损害企业的价值的，对此要特别警惕。

二、不要迷信会计数据

有效的报表分析要求分析者不仅要学会运用会计数据，而且要善于运用非会计数据。会计数据只是企业实施其经营战略的"财务表现"，忽略对企业所处环境和经营战略的分析，报表分析只能是一种重形式、轻实质的"数字游戏"。我们在做报表分析时，要注意分析报表本身的一些局限：货币计量的局限；权责发生制的局限；会计政策的弹性，造成人为"管理"数据；历史信息的局限；会计人员的主观性；资料来源的不可靠性。

三、会计报表数据造假案例

（一）世界通信公司滥用准备金科目，夸大对外报告利润

世界通信公司（World Com）是美国第二大长途电信营运商，曾经以1150亿美元的股票市值一度成为美国的第25大公司。2002年世界通信的会计造假案披露的虚假会计利润接近100亿美元，创下了空前的会计舞弊世界纪录。2002年7月，世界通信向法院申请破产保护时的资产总额高达1070亿美元，但根据《世界华尔街日报》邀请的一些评估专家所作的估计，这些资产的公允价值仅为150亿美元。世界通信尽管在造假金额上创下纪录，但在具体造假手法上并不高明，其中滥用准备金科目，利用以前年度计提的各种准备冲销线路成本，夸大对外报告的利润是其主要手法。

该公司在2000年第三季度和第四季度，分别调减线路成本8.28亿美元和4.07亿美元，并按相同金额借记已计提的坏账准备等准备金科目。2001年第三季度又以同样的手法将已计提的4亿美元坏账准备与线路成本相互冲销，虚增了税前利润。

（二）施乐公司未披露应收款的抵押业务，严重误导现金流量分析

施乐（Xerox）公司一度成为复印机的同义词，曾经在全世界130多个国家生产、销售、租赁复印产品、服务和设备。20世纪80年代初，这家历史悠久的老牌企业差点被日本复印机制造商消灭，然而就在1999年至2000年期间，施乐公司好像起死回生了一样。可惜好景不长，2002年4月SEC指控施乐欺诈投资者，其中一项就是没有披露应收款的保理业务，误导了投资者对现金流量的判断。

施乐公司在1999年的财务报告中，没有披露金额为2.88亿美元的应收款保理业务，这使施乐公司期末报告的现金余额由负数变为正数。在处理这2.88亿美元的业务时，施乐公司隐瞒了这些交易对其现金状况的重大影响，使投资者误以为现金流量来源于经营活动。

（三）莱得艾德刻意隐瞒存货减损

莱得艾德（Rite Aid）公司是美国第三大连锁药店，在美国 30 个州和哥伦比亚特区拥有超过 3600 家的药店，2002 年财务年度的营业收入总额达到 151.7 亿美元。

在 1999 年会计年度的盘点中，莱得艾德公司既没有确认 880 万美元的存货减损，又以来不及盘点为由未确认其所属的 2000 家药店约 500 万美元的应计存货减损费用。通过少计存货减损，莱得艾德公司夸大利润总额约 1380 万美元。

（四）百时美施贵宝的资本化研发支出

百时美施贵宝是美国著名的制药企业，在全球制药业排名第四，一直以来以“延长人类寿命，提高生活质量”为使命，并保有其“拥有全球领先科研实力和创新市场”的健康形象。2002 年 SEC 展开对该公司的调查，其中资本化研发支出是其舞弊手法之一。一直以来，通过兼并、投资取得其收购对象或合作伙伴研制药品专利的全部或部分所有权或经营权是百时美施贵宝维持收入增长的惯用手法。该公司对研发支出的会计处理都是：不论取得的资产是否已经获得 FDA 或其他机构的认证，一律将投出款资本化，继而按照预计的受益年限或协议约定的研发周期进行直线摊销。

（五）警惕数据陷阱：会计造假手段汇总

1. 无中生有——虚构交易事实

例：黎明股份 1999 年主营业务利润虚增 1.53 亿元。

银广厦虚构利润 7.45 亿元。

2. 偷梁换柱——偷换会计政策

歪曲借款费用核算方法：金路公司 1997 年年报，通过资本化利息虚增利润 3415.17 万元。

歪曲股权投资核算：张家界 1998 年以 2160 万元购入张家界有关公路的权益，当年收回 591 万元，应作为投资回收款，但公司将其计入其他业务利润。

3. 瞒天过海——掩饰重大事项

常见隐藏项目：委托理财、大股东占用资金、关联交易、担保、诉讼等。

2001 年遭处罚的上市公司中，15%属于未披露重大事项。

例：诚成文化担保借款，数额巨大。

4. 滥竽充数——虚拟资产充数

虚拟资产挂账，不良资产不做处理，长期待摊费用、超期应收账款、待处理财产损失等不转作费用。

例：红光实业关键设备彩玻炉实际已经提完折旧，但仍然作为资产挂账。

5. 画饼充饥——大肆吹嘘盈利能力

运用不恰当测试基础，过分乐观估计盈利前景，例如红光、麦科特、东方锅炉等公司。

6. 围魏救赵——大股东占用子公司资金救急，陷子公司于危机

2006 年 234 家上市公司占用约 365 亿元资金。

7. 暗度陈仓——利用会计方法的漏洞打擦边球

债务重组收益直接进入当期利润，比如 2007 年的绩优股浪莎股份。

第五节 会计信息其他分析法

一、哈佛分析框架

哈佛分析框架是从战略的高度分析一个企业的财务状况，分析企业外部环境存在的机会和威胁，分析企业内部条件的优势和不足，在科学的预测上为企业未来的发展指出方向，见图 5-3。

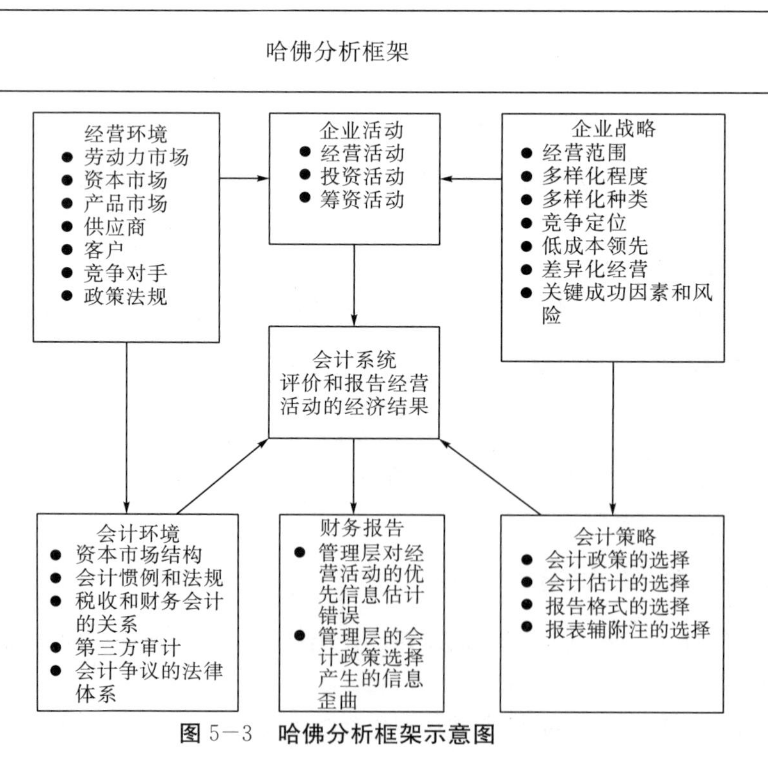

图 5-3 哈佛分析框架示意图

二、战略地图

在 2001 年的新书 *The Strategy－Focused Organization* 中，卡普兰（Kaplan）和诺顿（Norton）提出将平衡记分卡作为组织的战略管理系统。这个飞跃性的转型就是通过战略地图来实现的。

（一）战略地图的基本内容

战略地图（图 5－4）将组织的各项战略目标进行因果相连，从而反映出企业的价值创造过程。战略地图采纳了平衡记分卡的四个视角，是平衡记分卡框架下的一个重要战略组成部分，对企业价值创造战略进行分析和描述。

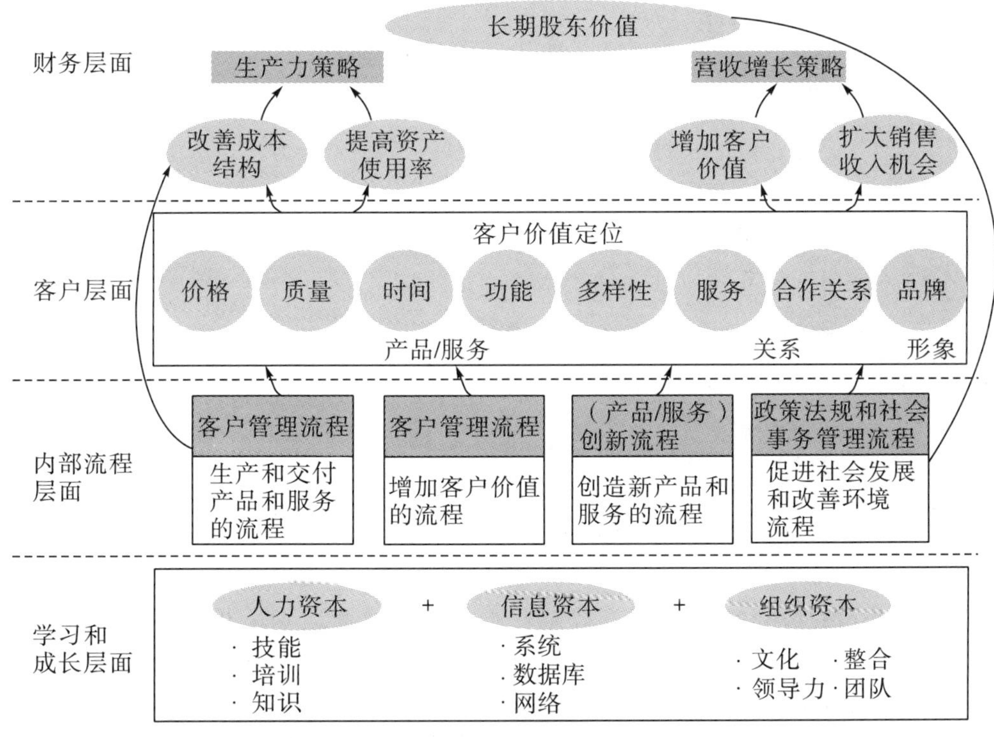

图 5－4　战略地图

（二）战略地图的特征

（1）所有信息表现在一张纸上，战略沟通相对简单。

（2）包含了平衡记分卡的四个视角。

（3）关注长期的股东价值创造。

（4）连接箭头表示各项之间的因果关系。

（三）战略地图的优点

通过将诸多战略内容及其相互关系在一张图上反映出来，战略地图能非常有效地向企业管理人员及普通员工描述企业战略，方便战略执行。

（四）判断战略地图有效性的两个基本要素

1. KPI（关键业绩指标）的数量及分布比例

（1）财务指标 20%左右。
（2）客户指标 20%左右。
（3）内部流程指标 40%左右。
（4）学习与成长指标 20%左右。

2. KPI 的性质比例

（1）80%以上是非财务指标，不到 20%是财务指标。
（2）定量指标比例高于定性指标。
（3）长期指标高于短期指标。
（4）成长性指标高于维持性指标。

三、经济增加值（EVA）评价法

（一）EVA 概念及意义

1982 年，美国思腾思特咨询公司将剩余收益指标改造成经济增加值，并在 1993 年 9 月 20 日的财富杂志上发表文章"EVA—the real key to creating wealth"，完整表述了其观点。

EVA 就是税后净营运利润减去投入资本的机会成本后的所得，注重资本费用是 EVA 的明显特征。由于考虑到包括权益资本在内的所有资本的成本，EVA 体现了企业在某个时期创造或损坏了的财富价值量。不同的行业、不同的地域、不同的阶段，资本的成本是不一样的，如果股东投入的钱，连当期银行平均存款利率都创造不了，那么股东的钱还不如存在银行里；如果一个企业创造的投资回报低于该行业平均回报水平，这个企业对股东的资本就没有吸引力。只有当企业创造的税后营运利润超出资本的成本诉求的时候，企业才是在"赚钱"。其基本内涵就是企业经营要考虑各种要素成本，包括资本的成本，只有企业的创造扣除了资本等所有要素成本之后的盈余，才能真正称之为企业创造的财富。

EVA 指标从股东价值创造角度反映企业的经营绩效，使企业的规模和效率实现均衡，长期利益和短期利益得到兼顾，曾被美国《财富》杂志称为"现代公司管理的一场革命""创造价值的金钥匙"。截至目前，以 EVA 为核心的价值管理体系的运用已经相当广泛，全球现有 400 多家大公司采用 EVA 作为业绩评价和奖励经营者的重要依据，其中包括波音、GE、AT&T、可口可乐、杜邦、西门子、淡马锡、索尼等国际知名公司。2001 年，青岛啤酒率先引入了这一体系，随即 EVA 在我国刮起了一股风暴，华为、宝钢、TCL 等公司都先后采用 EVA 进行企业内部业绩考核。

经济增加值强调价值管理理念和资本成本意识，在考虑资本成本的前提下，重点考察企业提高价值创造的能力和实现科学发展的水平。一旦采用 EVA 后，丰厚利润将被稀释，管理效益会成为调整的重点。EVA 结束了免费使用股东资本的时代，企业的创造只有扣除了包括股东资本成本之后仍有盈余，才能真正称之为创造了企业经营利润。

（二）EVA 计算

有关 EVA 计算的公式实际上并不统一，最早的 EVA 计算比较繁杂，采用的公式是：

EVA=息税前利润（PBIT）+（−）调整项目−资金成本

在此公式中，调整项目最早可多达 100 多项，导致了 EVA 计算的复杂性。后来，思腾思特咨询公司将调整项目减少到只有不超过 20 项的内容，才使其有了用武之地。

不过，我们用得最多的公式是下面这个，简单可行：

EVA=税后净营业利润−资本成本（机会成本）=税后净营业利润−资本占用×加权平均资本成本率

经济附加值的计算结果取决于三个基本变量：税后净营业利润、资本总额和加权平均资本成本。除经济附加值外，实践中经常使用的概念还有单位资本经济附加值和每股经济附加值，这三个指标组成了经济附加值指标体系。

（三）EVA 的优点

（1）它消除了传统会计利润计算时对债务资本使用有偿性和权益资本使用无偿性的差别对待。

（2）EVA 的计算表明净利润实际上是由所有者理应取得的最低投资机会报酬和经营者创造的增值收益两部分组成。EVA 才是企业价值之真正所在。只有 EVA 为正，才表示公司为股东创造了价值。

（3）EVA 在一定程度上弥补了平衡计分卡在财务层面评价的不足。

（4）它建立了财务指标与企业价值的直接关系，使价值创造结果融入会计核算体系中，为企业“基于价值管理”奠定了基础。

（四）EVA 的缺点

首先，EVA 的计算仍依赖于收入和费用确认的财务会计处理方法，实质上仍是会计利润计算的另一种形式，其计算过程依然需要会计估计。所以，它不能揭示企业经营中可能隐含的财务风险。

其次，单一的 EVA 结果只能反映近期的经营成果，无法有效地提示企业未来成长能力，无法体现非财务资源的价值创造能力。企业仅仅采用 EVA 法进行财务评价，会促使经营者为了提高 EVA，而优先考虑能快速提高 EVA 的风险低的短期投资项目。

对于风险高的新产品开发和建立与顾客良好关系等这些需要经过长期努力的投资活动，由于其收益在未来才会有所回报，短期看来是多余的而被放弃，就很不利于企业的长远持续发展。

第三，EVA是为企业创造价值服务的财务指标，但它不能将企业的目标与战略有机结合，并且，EVA本身是多项因素综合作用的结果数据，它并不能帮助企业找出经营无效率的原因。

参考文献

[1] 葛家澍，高军．论会计的对象、职能和目标［J］．厦门大学学报（哲学社会科学版）：2013（2）．

[2] 中华人民共和国财政部．企业会计准则 2006［M］．北京：经济科学出版社，2006．

[3] 中华人民共和国财政部．企业会计准则：应用指南 2006［M］．北京：中国财政经济出版社，2006．

[4] 财政部注册会计师考试委员会．会计［M］．北京：中国财政经济出版社，2015．

[5] 崔智敏，陈爱玲．会计学基础［M］．5 版．北京：中国人民大学出版社，2015．